Moein Mohebalian

Stąpanie po cienkim lodzie to tragedia w 4 aktach

Moein Mohebalian

Stąpanie po cienkim lodzie to tragedia w 4 aktach

Wydawnictwo Bezkresy Wiedzy

Cover image: www.ingimage.com

Publisher:
Wydawnictwo Bezkresy Wiedzy
is a trademark of
International Book Market Service Ltd., member of OmniScriptum Publishing Group
17 Meldrum Street, Beau Bassin 71504, Mauritius

Printed at: see last page
ISBN: 978-620-0-81202-5

Nadepnięcie na cienki lód

Tragedia w czterech aktach

Zdobywca Narodowej Nagrody Księgowej Iranu za najlepszą zabawę w 2013 r.

Zwycięzca gildii irańskich dramaturgów w konkursie Best Play 2013

Napisany przez

Gholamhossein Dolatabadi \ Araz Barseghian

Tłumaczone przez

Moein Mohebalian

Do mojego Ojca i Matki

Do Zahry

- Gholamhossein

Dla Mitry i Seroja, którzy spędzają swoje dni drożej każdego dnia

- Araz

Do wszystkich matek

I pamięć o tej jesieni

- Tłumacz

Postacie

W przeszłości

Hassan Golshan	Reżyser teatralny, wykształcony w Moskwie
Mehrie Eghbal	Jego żona
Seroj Avakian	Właściciel Arax café, przyjaciel Golshana
Armine Karamian	Jego żona
Nayere Golshan	Matka Golshana
Talat Golshan	Siostra Golshan
Masood Ahanchi	jej mąż
Hussain	Ich syn
Ahamad Lankarani	Dramatopisarz, dwadzieścia sześć lat
Manuchehr FarahmandManager	of Iran Novin Acting School w roli aktora grającego pana Hakhbandiana
Habib Javanshir	Człowiek teatralny
Fatholla Saadat	Człowiek teatralny
Pan Hakhbandian	Kierownik irańskiej szkoły Piroz
Mahmud Nosrat	Członek Partii
Yosef Sadegh	Członek Partii
Rafi Molkara	Członek Partii
Faraj	Członek Partii
Trzech przedstawicieli PartiiW roli	aktorów Ahanchi, Saadat i Javanshir
	Ciocia ShokatolmulukMehrie, grana przez aktorkę grającą w Nayere Golshan
Moazodolle Sadegha	Książę Qajar, grany przez aktora grającego Yosefa
Ataolmalek Nosrata	Książę Qajar, grany przez aktora grającego Mahmuda

Panna Azize Talata Golshana	Służąca Shokatolmuluk, grana przez aktorkę grającą w
Burmistrz grającego Ahanchiego	Burmistrz Teheranu, grany przez aktora
Sekretarz	Sekretarz burmistrza, grany przez aktorkę grającą Talata
Badanie Sędziowskie	Gra aktor grający Sadegh

Iran, Teheran, 1939-1953 r.

Postacie

W teraźniejszości

Amin Parsa	Studentka teatru, dwudziestosiedmiolatka
Negar Jahed	Jego narzeczona, dwadzieścia sześć lat.
Ferydon Farokh	Doradca Amina do swojej pracy dyplomowej, czterdziestoośmioletni.
Matka Farokha	Grała aktorka grająca w Nayere Golshan
Doktor BaharianSupervisor	Theater University, grany przez aktora grającego Molkarę
Pani doktor Hekmati	Profesor uniwersytecki, grany przez aktorkę grającą Talata
Doktor Poormand	Profesor uniwersytecki, grany przez aktora grającego Ahanchiego
Profesor Barkuk	Profesor uniwersytecki, grany przez aktora grającego Faraja
Mr. Shapoor	Używany księgarz, grany przez aktora grającego Sadegh
Panie Taj.	Sprzedawca książek, grany przez aktora grającego Saadata
Pan Paivar	Kolejny używany księgarz, grany przez aktora grającego Javanshira
SandoghchiCEO	wielkiej fabryki i kolekcjoner książek, grany przez aktora grającego Molkarę
Nazanin	Przyjaciel Negara, grany przez aktorkę grającą Talata
Saeed	Mąż Nazanina, grany przez aktora grającego Ahanchiego
Strażnik	Super garaż parkingowy, grany przez aktora grającego Faraja
Monire LankaraniBratanek	Ahmada Lankaraniego, grany przez aktorkę grającą Arminę
Firooz DavachiFormer	student irańskiej nowinowskiej szkoły aktorskiej, grany przez aktora grającego Hakhbandiana
Jahanshah Farzin	Były członek partii, grany przez aktora grającego Farokha

Iran, Teheran, 2004-2005 r.

Bohaterowie:

"Leaning Against Gloomy Wall"

Shirvali Khan SalarvandLandowner , grany przez aktora grającego Hakhbandiana

Ardeshir Jego syn, dwadzieścia pięć lat, grany przez Ahmada Lankaraniego

Golagha Ich sługa, grany przez aktora grającego Ahanchiego

Poone Ich służąca, grana przez aktorkę grającą Talata

Właściciel SafadeLandowner , rywal Shirvali, grany przez aktora grającego Nosrat gra go.

GilnazCórka Safade, dwadzieścia trzy osoby grane przez aktorkę grającą Negara

Mama Munes Ich służąca, grana przez aktorkę grającą w Nayere Golshan

Ghelich Inwestor, grany przez Hassana Golshana

Iran, Rasht, 1946

INNE

Funkcjonariusze policji Dziesięciu oficerów w mundurach z tej epoki

Obsada "Mewy" Czterech lub pięciu aktorów, niezależnie od głównej roli, Masza i Medvedenko grani przez aktorów grających Talata i Ahanchiego.

Ludzie w kawiarni Arax Dziesięciu lub jedenastu klientów, jak powiedziano w sztuce

Ludzie w konwencji partyjnejPiętnastu mężczyzn

Mobily Dwudziestu mężczyzn z drewnem, kijem i łańcuchem

Ludzie w Epilogu Dwudziestu pięciu mężczyzn, jak powiedziano w sztuce

Dyliżanse Dziesięć lub piętnaście jeźdźców, zwinny, szybki i bardzo cierpliwy

Jeśli powinieneś jeździć na łyżwach
na cienkim lodzie współczesnego życia
wciągając za sobą ten cichy wyrzutek
o milionie łzawych oczu
nie zdziw się, gdy pęknięcie w lodzie
pojawia się pod twoimi stopami.
Wymykasz się ze swojej głębi i z umysłu
z twoim strachem płynącym za tobą
jak pazurujecie cienki lód.
- **Roger Waters**, "Thin Ice"

PROLOG

Amfiteatr Uniwersytetu Teatralnego. W ciemności zapowiada się głos: "...i w tej części dyrygenta, zapraszamy profesora na scenę na jego deklarację mowy, pan Ferydon Farokh jest profesjonalnym nauczycielem wydziału teatralnego tego uniwersytetu." Brawo.
Punkt oświetla scenę. Na środku sceny znajduje się podium, za którym stoi Ferydon Farokh. Z tyłu podium, nad sceną ustawiono baner z tym tytułem: "Congress of Today Theater. New Approaches and its Strategies" i pod tym banderem został napisany: "Koleżanka teatralna; październik 2004". Mężczyzna wchodzi od prawej strony i stawia na podium butelkę wody mineralnej z jednorazową szklanką, reguluje mikrofon i wychodzi od lewej.

FAROKH

Dobrze, że rozpoczynam moją wypowiedź za zgodą nauczycieli kolażu teatralnego, [*Wskazuje na kilka dokładnych miejsc pomiędzy widzami*] Pan Profesor Baharian, Pan Profesor Poormand, Panna Profesor Hekmati, a także inni koledzy i studenci, którzy spotykają się tu dzisiaj, aby dyskutować o - [spojrzenie na banner wiszący za] nowym podejściu i strategii w dzisiejszym Teatrze Iranu.
Nie chcę jednak mówić o nowych podejściach i być może większość z państwa uważa moje wystąpienia za powtarzające się i kliszowe, ale takie jest moje odczucie, z tym właśnie żyję i zawsze było to ważną częścią mojego umysłu. Okay... Co jest przeciwieństwem nowego? Coś starego? Co jest przeciwieństwem przyszłości? Czy to przeszłość?
Na pewno nie mogę powiedzieć, co jest dla ciebie rozrywką. Ale dla mnie przeszłością jest ten amfiteatr, który nas w nim zgromadził. Dla mnie przeszłość to wspomnienia, które tu miałem, doświadczenia, które tu przeżyłem, przyjaciele, którzy pracowali ze mną w teatrze i nie wiem, gdzie teraz są. Myślę, że to jest to samo podium, które pewnego dnia stał za nim mój nauczyciel i przemawiał do nas będąc entuzjastycznie nastawionymi uczniami pełnymi nowych myśli i pomysłów. [*Z żalem*] Przeszłość jest dla mnie taka.
Co to za historia? To wszystko, co jest napisane w podręcznikach historii? [*Kiwanie głową z powodu ignorancji, pauza*]
Dobrze, porozmawiajmy o naszej głównej sprawie, dzisiaj teatr. [Wyjmuje *zdjęcie z kieszeni i pokazuje je widzom*] Ilu z was może zobaczyć to zdjęcie? Chyba nikt z was nie widzi go wyraźnie, bo jesteśmy daleko od siebie. Albo ja powinienem się do was zbliżyć, albo wy. Przeszłość jest dla nas jak to zdjęcie, powinniśmy się do niej zbliżyć, dotknąć jej i być z nią zjednoczeni. Możemy się tu zbierać przez godzinę każdego dnia, każdego miesiąca, każdego roku lub o każdej porze, o którą nas poproszą, a po godzinie możecie wyjść z tych drzwi - [*wskażcie na drzwi na końcu korytarza],* a my z tych drzwi - [wskażcie na *drzwi wejściowe*] możecie pić swoją herbatę i ciasta, a my tutaj - [wskażcie na wodę *mineralną*] pijcie naszą wodę. Co więc należy zrobić z tym obrazem? Możemy o nim zapomnieć. [Wylewa *wodę do szklanki i burzy zdjęcie i wkłada je do kieszeni*] Powinniśmy połączyć przeszłość z przyszłością, tak jak w sztafecie. [*Kroki poza podium, wchodzi na dół, pstryka palcem, punkt*

idzie na niego] Kto może sobie przypomnieć? Styczeń 1978 roku, ten pokój był spakowany, na tych korytarzach było dużo ludzi, siedzieli aż do sceny; studenci, nauczyciele, pracownicy, robotnicy, wszyscy oni oglądali sceny końcowe *The Visions of Simone Machard* Bertolta Brechta... Ale kto z was widział tę scenę? Nie martwcie się, ja też nie... To jest obraz tej sceny, oczywiście to jest jej kopia, oryginał jest w moim biurze...
Nasz teatr jest pełen salonów, aktorów, pisarzy, reżyserów, plakatów i głosów, które już nie istnieją i o których zapomnieliśmy. I to jest los, który będzie czekał na mnie [wskazuje na pewne miejsca wśród widzów, jakby wiedział, do kogo wskazuje] i na ciebie, i na ciebie i na ciebie. Dzięki.

Brawo.
Ciemność.

Akt pierwszy

Mewa

SCENA 1

Spot na kwadratowym stole w środku sceny. Mężczyzna siedzący przed stołem, nie widzimy jego twarzy. Jego zachowanie pokazuje cierpliwość i nudę. Cisza. Słyszymy kroki stóp w ciemności. Wchodzi wysoki oślizgły mężczyzna. Założył kieliszek. Jest w jasnobrązowym, żółtym płaszczu z czarnym garniturem i krawatem. W jednej ręce ma skórzaną teczkę, a w drugiej teczkę. Jego ruch dłoni przypomina lidera orkiestry. Kładzie teczkę i teczkę na stole i stoi za nią.

SĘDZIA BADAJĄCY

Dzisiaj jest ostatni dzień mojej pracy dla ciebie. To jest skończone. Dzisiaj będziecie wolni. W ciągu ostatnich trzydziestu minut samochód zawiezie cię do miasta. Ostatecznie nasze śledztwo w ciągu ostatnich kilku miesięcy wykazało, że możesz zostać w Iranie. Wciąż twoje relacje z wujkiem w Moskwie nie są dla nas jeszcze oczywiste. Ale już uznaliśmy, że twoje oświadczenie jest uczciwe. Posłuchaj, mój drogi przyjacielu, jak wiesz, nasz kraj jest na drodze postępu i awansu, więc nie wolno nam dobrowolnie oferować go bolszewikom. Weźmy pod uwagę, że stare carskie imperium chciało tylko podbić północny Iran, ale ten Związek Radziecki chce połknąć cały ten kraj. Od tej chwili życzę wam, abyście zajęli się swoimi sprawami i żyli w taki sposób, abyśmy już nigdy więcej na siebie nie wpadli. Proszę wziąć pod uwagę, że mamy tu ludzi, którzy nigdy więcej nie zobaczą swojej ojczyzny. Więc wykorzystajcie swoją szansę. [*Pauza, bierze papierosa, oferuje go człowiekowi, nie bierze, zapala go dla siebie.]*] Jesteś tak młodym panem i czeka na ciebie świetlana przyszłość, bądź na usługach Jego Królewskiej Mości, aby móc pracować przez lata i lata dla tego kraju. Tak czy inaczej - [*otwiera teczkę i wyjmuje papier i stawia przed człowiekiem*] powinien pan podpisać ten akt przymierza.

Sędzia śledczy daje mu pióro; mężczyzna patrzy niedbale na papier i podpisuje go. Sędzia orzekający wyjmuje stempel z torby i kładzie go przed mężczyzną.

Palcem. Napisz datę. 24 lutego 1938. [Wziął *papier i spojrzał na niego*] Dzięki. Możesz całkowicie oddać swoje rzeczy. *Pospieszcie* się! Masz tylko 24 minuty.

Ciemność.

SCENA 2

20 marca 1938 roku. Teheran. Na środku sceny jest duży stół. Haft-Sin jest na stole. Po prawej stronie sceny znajduje się pełnowymiarowe lustro, przed którym stoi Masood Ahanchi i patrzy na swój nowy garnitur. Obok lustra znajduje się wieszak na płaszcze. Po lewej stronie sceny, Talat Golshan położył swojego syna Hussaina na krześle, a ona bierze jego buty. Jest w szóstym miesiącu ciąży. Nayere Golshan siedzi po lewej stronie stołu i nakłuwa igłą nową koszulę swojej córki.

TALAT
Nie ruszaj się Hossain! Nie ruszaj się Hossain! Zaczekaj chwilę!

Talat w końcu zapina koronkę na buty Hussaina. Hussain biegnie na zewnątrz z prawej strony sceny. Talat wstaje. Połóż jej rękę na talii. Spada w kupie na krzesło. Położyła rękę na brzuchu. Matka kładzie tkaninę na stole. Stoi w górze i zostaje przy oknie.

MATKA
Ten śnieg nie chce się zatrzymać. Od zeszłej nocy ciągle pada śnieg.

TALAT
Spieszący się śnieg wkrótce zgaśnie.

MATKA
Ale może spalić kwiaty w ciągu jednej nocy.

TALAT
Nie martw się o drzewa i ich kwiaty, mogą się chronić.

MATKA
Tress może to zrobić, ale kwiaty są wrażliwe, śnieg je eliminuje.

AHANCHI
Oh mamo, bierzesz to tak poważnie, o ile pamiętam, to ta sama stara historia. To nie jest świąteczna noc bez śniegu.

MATKA
Nie jest to noc święta bez swojego Haji Firooz,[1] który został uwięziony pod śniegiem, nie jest to noc święta bez tego hotchpotch, którego nikt nie chce już gotować, nie jest to noc święta bez zakupów, ale ten śnieg sprawił, że wszyscy jesteśmy związani z domem, nie jest to noc święta bez satysfakcji...

Matka idzie do stołu. Podnosi sukienkę i zbliża się do Talata, który wstał.

MATKA
Oto twoja sukienka noworoczna. Idź i przymierz ją.

---

[1] Haji

Talat zakłada sukienkę na jej ciało i testuje ją.

TALAT
Dziękuję. Czy to ładny masaż? Pasuje do mnie?

AHANCHI
Wspaniały! Praca matki jest wspaniała!

MATKA
Jeśli ludzie nie powiedzą o tym gorącego powietrza.

AHANCHI
A co ze mną mamo?

MATKA
Co mam powiedzieć?

AHANCHI
Po prostu powiedz Boże i dotknij trochę drewna dla mnie. Talat spalić trochę dzikiego żyta, by spalić oko Złego!

TALAT
Droga matko, nasz człowiek domu stał się taki przystojny.

MATKA
Więc idź i spal dzikie żyto, by spalić oko Złego.

Talat wychodzi.
Cisza. Matka znowu idzie za oknem. Ahanchi idzie w stronę wiszącego płaszcza i wyjmuje z niego gazetę.

AHANCHI
Siedzi za stołem, robi dużo hałasu podczas czytania gazety; odgłosy papierów i jego kaszel. On ma oko na czytanie gazety, a drugi na mamę. [Pauza] Nie spojrzysz na gazetę? *Ona się nie powtarza. Czyta nagłówki na głos.* Podnosząc czynsz i cenę ziemi bez żadnego powodu. Przeładowanie handlarzy i konieczność zapobiegania ich przeładowaniu. Konieczność reform gospodarczych.

Cisza.

MATKA
Nie pisali o pogodzie?

AHANCHI
Teheran czy Moskwa?

Matka patrzy na niego. Pauza. Talat, wchodzi w nowej sukience i pali nasiona dzikiego żyta. Chce jechać w kierunku Ahanchi.

AHANCHI
Czekaj! Czekaj! Czekaj!

Talat się zatrzymuje. Ahanchi dobrze się przyjrzał jej nowej

sukience.
Wspaniale! Najpierw skręć go wokół głowy, by spalić oko Złego.

TALAT
Chodź, Maso!

AHANCHI
Nie, mówię poważnie.

Talat na początku zawraca jej głowę.

AHANCHI
Oczywiście, że jest to sztuka drogiej matki.

TALAT
Jestem niczym bez niej. [Obraca *nasiona dzikiego żyta wokół głowy matki*]

MATKA
Talat nie zachowuje się jak zepsute dziecko. Siedemdziesięcioletnia kobieta nie ma nic dla Złego oka.

AHANCHI
Nie ma mowy! Kochana mamo. Masz dużo przeżyć.

MATKA
Pochlebiasz mi, panie.

AHANCHI
Wcale nie.

Talat idzie w kierunku Ahanchi i obraca wokół głowy nasiona dzikiego żyta. Matka znowu patrzy na okno. Talat i Ahanchi patrzy na siebie, potem na matkę. Talat idzie do mamy.

AHANCHI
Droga mamo, obiecuję ci, że jest tu przed Nowym Rokiem.

Talat kładzie rękę na szyi matki.

TALAT
Nie martw się, powiedział, że przyjdzie, więc na pewno przyjdzie. Czyż nie jest to prawda Masood?

AHANCHI
Yeah, Yeah. Prędzej czy później przyjdzie.

Talat patrzy na niego w sposób wrogi.

TALAT
Jestem pewna, że dopóki nie zmienisz swojej sukienki, on przyjdzie.

MATKA
Ale...

TALAT
Nie mów tego, pracujesz od rana, nic dla siebie nie zrobiłeś, to nie przynosi powodzenia w nocy noworocznej. Chodźmy zmienić twoją sukienkę...

Wychodzą. Ahanchi wznawia czytanie gazety. Nagle Hussain biegnie na środek pokoju.

HUSSAIN
Tatusiu... tatusiu...

AHANCHI
Co? Co się dzieje? Widziałeś Genii?

HUSSAIN
Nie tato, mężczyzna wszedł przed drzwi...

AHANCHI
Co?

HUSSAIN
Mężczyzna... Mężczyzna...

AHANCHI
Człowiek co?

HUSSAIN
On nadchodzi...

AHANCIH
Znowu otwierasz drzwi dla obcych...?

Hassan Golshan wchodzi z prawej strony z bagażem. Ma na sobie czarny płaszcz w rosyjskim kapeluszu. Snow dobrze go przykryła. Ahanchi wstaje z krzesła. Oczy Golshana i Ahanchiego trzymają się razem. Cisza, Ahanchi idzie do niego z policzonymi krokami i podczas gdy on zastanawia się, kim jest ten człowiek. Ahanchi zbliża się do niego. Golshan wyciąga rękę. Ahanchi wyciąga rękę wahając się. Golshan trzyma go za rękę.

AHANCHI
Hussain, pospiesz się i zadzwoń do swojej matki.

Hussain wychodzi w pośpiechu. Golshan strzepuje śnieg na swoim płaszczu.

Witajcie. Mieliśmy być beznadziejni. Spodziewaliśmy się ciebie na lunchu. Talat ugotował twoje ulubione danie. Ale ty nigdy nie przyszedłeś. Chodźcie... chodźcie usiąść...

Hussain, Matka i Talat wchodzą.

GOLSHAN
Cześć mamo!

Matka i Golshan idą do siebie i trzymają się na środku sceny,

Matka patrzy na twarz swojego syna, wyjmuje jego kapelusz. Jej oczy stają się powoli mokre.

MATKA
Boję się, że już cię nie zobaczę, mój synu!

GOLSHAN
Niebiosa zabraniają!

TALAT
Matko, rozpieszczasz jego próżność!

AHANCHI
Widziałem, jak ci mówiłem, że jest tu tuż przed Nowym Rokiem.

MATKA
Zdejmij płaszcz albo się przeziębisz!

Golshan zdejmuje płaszcz. Talat zbliżył się do niego, by zdjąć płaszcz, a potem idzie do wieszaka na płaszcze.

TALAT
Witaj mój drogi bracie.

AHANCHI
Hussain, dlaczego czekasz, idź i pocałuj swojego wuja.

Hussain spotyka się z Golshanem.

GOLSHAN
Witaj kochana. [Wygina *się i całuje go*]

AHANCHI
Więc mamo, widzisz, w końcu przyszedł Hassan, a teraz możesz odpoczywać przez resztę dnia. Hassan do czasu, aż zmienisz ubranie i wrócisz do nas Talat pójdzie i przyniesie nam gorącą herbatę.

Ahanchi wskazuje na Talata.

GOLSHAN
Nie siostro, nie, dzisiaj za bardzo się wplątałaś.

TALAT
Nie ma mowy, filiżanka herbaty nie sprawia takich kłopotów.

MATKA
Zawsze mówię jej, że kobieta w ciąży nie powinna ciężko pracować, ale jej to nie obchodzi. Sama idę przynieść herbatę.

TALAT
Nie mamo, nie...

AHANCHI
Taka gościnność, z jaką się spotykasz. Sama ją nalewam. Hussain, nie wygłupiaj się, zabierz

bagaże wuja do pokoju matki. [*Wychodzi z prawej*]

Hussain ledwo podnosi bagaż i wychodzi z niego ciągnąc.

GOLSHAN
Wujku, to jest ciężkie...

HUSSAIN
Nie, chcę rosnąć w siłę. [*Wyjścia*]

Matka, Talat i Golshan siedzą wokół stołu.

TALAT
Bracie, bardzo się zmieniłeś!

GOLSHAN
Stać się starszym?

MATKA
Nie, nie zestarzałeś się...

GOLSHAN
Więc co...?

TALAT
Nie wiem... jakoś... Nie umiem tego wyrazić... ale nie jesteś tym człowiekiem, który nas zostawił...

MATKA
Zimno wchłonęło się w jego ciele.

GOLSHAN
Nie wiesz, jak bardzo brakuje mi teherańskiego słońca.

TALAT
Jakże masz pecha, od zeszłej nocy pada śnieg.

MATKA
To jego ostatnia próba, wiosna jest w drodze.

GOLSHIN
Mam taką nadzieję.

AHANCHI
Talat... chodź tu... gdzie postawiłeś szklanki do herbaty?

Trzech z nich patrzy na siebie.

TALAT
Wiedziałem, że sam powinienem to zrobić.

AHANCHI
Talat...

TALAT
Już idę...

Lights Shifts. Matka i Golshan zostają nieruchome na scenie. Na tyłach sceny pojawia się światło punktowe. Talat i Ahanchi szepczą.

AHANCHI
Twój brat sprowadzi na nas kłopoty. Nie mów, że nie wspomniałem o tym później.

TALAT
Mój Boże! Masaż! Na miłość boską, mamo, nie możesz trzymać swojego tonga.

AHANCHI
Co jeśli zostanie dłużej?

TALAT
On nie jest takim człowiekiem. Jestem pewien, że znajdzie dla siebie miejsce. Przyjechał właśnie teraz i oczekujesz, że powiem mu, żeby wyszedł?

AHANCHI
Nie, oczekuję, że będziesz myślał o naszym własnym życiu. Nie chcę wpakować się w kłopoty. Dlaczego przypadkiem przyjechał do Teheranu z Moskwy? Nagle naszemu towarzyszowi brakuje jego kraju. Czy teraz niebo się przebiło, czy śnieg zasypał moje życie? Który z nich?

TALAT
Zachowajcie spokój, na litość boską. Jest noc noworoczna. Niech to będzie przyjemnie zakończone.

AHANCHI
Tylko na kilka dni...

Światło się rozpuszcza. Znowu scena Matki i Golshana.

MATKA
Jak się ma twój wujek? Nie napisałaś o nim nic w ostatnich listach.

Cisza.

Co się stało? Coś się z nim dzieje? Dlaczego wróciłeś? Nie powiedziałeś nic o powrocie... szczerze mówiąc, twój telegram mnie zmartwił.

GOLSHAN
Wykonał egzekucję w zeszłym roku.

MATKA
Co?

GOLSHAN
Będąc nieufnym, komuniści w niego wątpili. Został stracony przez pluton egzekucyjny. Był ofiarą wielkiego oczyszczenia Stalina.

MATKA
Khan Baba powiedział mu, żeby tego nie robił, żeby tam nie szedł, ale nie obchodziło go to. A

co z tobą? Nie sprawili ci żadnego problemu?

GOLSHAN
Nie byłem członkiem partii komunistycznej, po prostu poszedłem tam na studia i również moje studia nie miały z tym związku, ale po ukończeniu studiów dokonali dwóch wyborów: być członkiem partii komunistycznej lub wrócić do mojego kraju. Po aresztowaniu wujków badali mnie przez jakiś czas. Zrozumieli, że jestem nikim. [*Pauza*]

MATKA
Uważaj tu na siebie...

Talat wchodzi z tacą na herbatę.

TALAT
A oto bardzo gorąca i kolorowa herbata z kardamonem i wodą różaną oraz szafranem dla mojego drogiego brata...

GOLSHAN
Wywierasz tak dużą presję na siebie...

Ahanchi wchodzi w pośpiechu.

AHANCHI
Nie obchodzi was to? Już czas. Hussain przynosi krzesło z pokoju matki... daj spokój, jego początek.

On siedzi obok innych.
Ciemność.

SCENA 3

Teheran, październik 2004. Fereidun Farokh i Amin Parsa są w kawiarni.

FAROKH
Dobrze, kochana Amin, czy myślałaś o mojej ofercie?

AMIN
Myślałem o tym przez cały ostatni tydzień, to było bardzo wciągające.

FAROKH
Więc?

AMIN
Jeśli uczelniane agresje, to ja podjęłam decyzję. Ale...

FAROKH
W czym problem?

AMIN
Ale... to nazwisko, Hassan Golshan... Szukałem jego nazwiska, ale nic...

FAROKH
Nic nie znalazłeś?

AMIN
Dokładnie.

FAROKH
Kto powiedział, że nic na niego nie ma?

AMIN
Oh... nie było go w miejscach, których szukałem.

FAROKH
Czy przeszukałeś Archiwum Biblioteki Narodowej?

AMIN
Tak.

FAROKH
Biblioteka Parlamentu?

AMIN
Tak.

FAROKH
A może biblioteka Teatru Miejskiego?

AMIN
Tam nic nie znajdziesz...

FAROKH
[Wyciąga *bardzo stare i porozbijane papiery z walizki, są tak stare, że można się rozpadać*] Spójrz na to.

Amin wysuwa rękę.

Tylko powoli...

Amin łapie je ostrożnie.

Pierwsze tłumaczenie mewy Antona Chekova.

AMIN
Pierwsze tłumaczenie Mewa...?! Przepraszam, o ile pamiętam, pierwsze tłumaczenie należy do Bagher Azariyani z 1953 roku. Ale tu jest napisane... Moskwa 1937! [*Oblicza w jego głowie*] 16 lat przed... [*Pauza*] Czy to pełny tekst?

FAROKH
Nie, niestety nie. Brakuje mu aktu końcowego. Każdy akt też nie ma pewnych scen.

AMIN
Mogę dostać kopię tego?

FAROKH
Jasne, ale uważaj, kiedy kopiujesz. To jest stary list do Ministerstwa Kultury za rozważenie tej

sztuki.

Daje list do Amina.

AMIN
Ummm... czy ja też mogę dostać ten?

FAROKH
Skopiuj to... To jest jeszcze jeden, mój ostatni dokument. To jest zezwolenie na wykonanie tej sztuki, które zostało wydane przez Policję.

Amin sprawdza co trzy gazety.

Szczerze mówiąc, przed wyjazdem z Iranu mój profesor nalegał, aby w mojej pracy magisterskiej dużo pracować nad korzeniami realistycznego teatru w Iranie. Zrobiłem to jakoś, ale za studiowanie we Francji chciałem mieć istotny problem z tym krajem. Dlatego zostawiłem ją na boku. W tych badaniach nauczyciel o nazwisku Hassan Golshan poszedł za nim. On też dał mi te dokumenty. Ale tak czy inaczej, praca ustała aż do teraz...

AMIN
Przepraszam, czy mogę spytać, jak twój nauczyciel znalazł to nazwisko?

FAROKH
Nie powiedział mi zbyt wiele. Wiem tylko, że w latach 60. raz czy dwa razy widział Golshana przez pomocnika innej osoby. Mój nauczyciel powiedział mi, że przyznał się do osoby, która w teatrze ma dużą wiedzę, ale nie robił w nim nic szczególnego. Podobno sam Hassan Golshan dał mu tę sztukę. Niestety... To znaczy, mój nauczyciel powiedział "niestety", bo wtedy nie było to dla niego aż tak interesujące. Po tym, jak usłyszał kilka pomysłów na jego temat od innych, którzy go zainteresowali, nie mógł już znaleźć Golashana. On zawsze tego żałuje. Niestety nie mogłem wiele zrobić. Może to twój los, że...

AMIN
Naprawdę lubię pracować nad tą pracą dyplomową, nawet jeśli uniwersytet jej nie zatwierdza... ale mam pytanie od ciebie... dlaczego wybierasz mnie?

FAROKH
Bo jesteś jedyną osobą na tym uniwersytecie, która wie, kto jest pierwszym tłumaczem mewy!

Amin

Naprawdę?

Oboje się uśmiechają.

Mam nadzieję, że sobie z tym poradzę!

FAROKH
Możesz... teraz pytanie techniczne: czy wiesz, kto jest ostatnim tłumaczem mewy?

AMIN
Nahid Kashichi.

FAROKH
Jesteś pewien?

AMIN
Chyba tak...

FAROKH
"The Notebook of Trigorin" to darmowa adaptacja mewy Antona Chekova napisana przez tłumaczkę Tennessee Williamsa Amina Parsę.

Amin jest w szoku. Oboje uśmiechają się do siebie. Ciemność.

SCENA 4

26 marca 1939 roku. Arax Café. Armine Karamian umieściła w Gramaphon recorod muzyki armeńskiej i zagrała ją, aby rozpocząć swój nowy dzień. Utwór "Beautiful Girl of Yervan" po rozpoczęciu sprzątania baru. Seroj Avakian stawia też na ziemi krzesła do góry nogami. To ich pierwszy dzień pracy w Nowym Roku. Armine idzie do kuchni, której nie widzimy. Słyszymy, jak dzwoni mały dzwonek nad drzwiami. Wchodzi Hassan Golshan, podczas gdy on ma w ręku skórzaną torbę i bukiet.

SEROJ
Kawiarnia jest zamknięta.

GOLSHAN
Kazano mi dostarczyć te ubrania do właściciela.

SEROJ
Nie chcieliśmy materiału.

GOLSHAN
Ale kazano mi oddać te ściereczki panu Avakianowi.

SEROJ
Panie Avakian?

GOLSHAN
Wielki pan Avakian.

SEROJ
Wielki pan Avakian już nie żyje.

GOLSHAN
Wiem, a co z jego synem?

Seroj zawraca i gapi się na Golshana. Golshan zdejmuje kapelusz z głowy.

SEROJ
Nooo...! Czy to ty? Hassan, czy to ty?

Idą do siebie i przytulają się.

GOLSHAN
Tak bardzo za tobą tęskniłam, Seroj.

SEROJ
Gdzie byłeś, koleś! Odszedłeś i nie zajrzałeś za siebie?

Armine wraca z kilkoma naczyniami i kieliszkami do baru. Ona patrzy na nie.

Spójrz Armine, zobacz kto przyszedł... Hassan!

ARMINA
Hassan?

SEROJ
Hassan, Hassan Golshan...

ARMINA
Wow! Co ty tu robisz? Kiedy wróciłeś? [*Idzie w ich kierunku*]

GOLSHAN
Gratuluję. Moja mama powiedziała, że wyszłaś za mąż. Tak się cieszyłam.

ARMINA
Dzięki.

GOLSHAN
Jesteś mile widziany.

SEROJ
Po co wstawać? Chodź, usiądź, pozwól mi się z tobą zobaczyć. Dużo rozmawiamy...

Idą do stołu i siadają.

Zamknęliśmy na święta noworoczne, przepraszam za bałagan.

ARMINA
Lubisz kawę?

GOLSHAN
Tak.

ARMINA
Więc wrócę. [Ona idzie do kuchni]

SEROJ
Okay... kiedy przyjechałeś?

GOLSHAN
Dokładnie na kilka minut przed sylwestrem. Powinienem przyjechać wcześniej, ale drogi były

bezpieczne.

SEROJ
Tutaj, od zeszłego tygodnia pada śnieg, tak jest, biada Rosji.

GOLSHAN
Życzę sobie, aby wszystkie trudności Moskwy były chłodne i śnieżne.

SEROJ
Co ty tam robiłeś?

GOLSHAN
Nic oprócz teatru, teatru i teatru. Rano w koleżance teatralnej, po południu znów praca w zespole teatralnym. Zrobiłem wszystko, co było możliwe w teatrze, od grania małych ról, po asystowanie przy scenografii i dekorowanie...

SEROJ
Cieszę się, że w końcu jeden z nas mógł kontynuować w teatrze. Często szukam twoich wiadomości od twojej matki. Nie spodziewałam się, że wrócę tak szybko.

GOLSHAN
Wiesz, warunki tam były takie, że nie mogłem zostać dłużej. Teatry zamykały się jeden po drugim. Wielu ludzi, których znałem w teatrze, traciło pracę bez żadnego powodu.

SEROJ
Więc dlatego zawracasz?

GOLSHAN
Tak. [*Pauza*] Nie wiem, jak ci to wytłumaczyć, może jeśli sam nie doświadczy tam atmosfery całym ciałem, nie dowie się, co się stanie. Ich wypowiedzi są pozornie logiczne. Starasz się je zrozumieć i wymyślić ich gadanie. Na początku przychodzą do ciebie z uśmiechem, uwagą, radą, przyjaznymi sugestiami... jeżeli je zatwierdziłeś, to jest w porządku, ale Bóg zabronił ci czuć kiedyś w sobie, tylko w sobie, że to nie jest prawdziwe dzieło, wtedy oni odkryją swoje maski i zobaczysz ich prawdziwe twarze. Pomyśl o człowieku, który pojawi się w drzwiach i poprosi cię, abyś poszedł na chwilę i wyjaśnił mu kilka rzeczy, a ja już cię nie zobaczę. Znikniesz na zawsze.

SEROJ
Więc uciekłaś od nich?

GOLSHAN
Tak. Miałem się ożenić z dziewczyną o imieniu Natalie.

SEROJ
Kim jest Natalie?

GOLSHAN
Jedna z moich koleżanek z klasy, nie wiesz jaka była aktorką. Jego ojciec i matka byli jednymi z pierwszych wielkich aktorów Moskwy... Nie wiedziałam, co się stało... stało się to pewnego dnia, kiedy siedzieliśmy w kawiarni. W mgnieniu oka Natalie zniknęła. Facet powiedział, że powinna coś wyjaśnić i zabrał ją ze sobą. Przez kilka miesięcy szukałem jej, prosiłem wujka,

żeby mi pomógł, jak bardzo jego rodzice ją śledzili, ale nie było żadnych wieści. Powiedzieli mojemu wujkowi, żeby już jej nie szukał, tak jak mnie, któremu powiedziano, żeby nie szukał twojego wuja.

SEROJ
Tak mi przykro...

Seroj bierze rękę Golshana i podkreśla. Armine wraca z tacą z kawą i ciastem.

ARMINA
Tak bardzo nam ciebie brakowało.

SEROJ
Ahh... w końcu nadeszła kawa. Oczywiście powinienem się przyznać, że to moja druga od rana.

ARMINA
Kiedykolwiek dasz Serojowi kawę, on ją przyjmie.

GOLSHAN
Co ty robisz? Kiedy wyszłaś za mąż? Kiedy otworzyłaś tę kawiarnię?

SEROJ
Po twoim odejściu, ojciec nadal chciał wystąpić w teatrze, ale był samotny, ponieważ żadne ciało nie było na tyle odważne, aby to zrobić.

ARMINA
Wszyscy poszli po jego życiu.

SEROJ
My też poszliśmy za naszym życiem.

ARMINA
Minął rok od naszego otwarcia tutaj. Seroj nie był zadowolony ze swojej pracy w gminie. Dobrze płacili projektantom map, ale...

SEROJ
Przestań Armine! Wyszli na ulice i niszczyli stare domy, a zamiast tego robili małe domki. Byłem ich "tak" człowiekiem. Zawsze wtrącali się w moje mapy. Im bardziej z nimi współpracowałem, tym mniej mogłem tolerować, w końcu zrezygnowałem.

GOLSHAN
Więc porzucasz rysowanie mapy, by zostać kawalarzem!

Wszyscy się uśmiechają.

Jesteś właścicielem tego miejsca?

SEROJ
Tak, pamiętasz ten dom taty przy Sepah Avenue? To było dla nas takie duże, więc sprzedaliśmy go i przyjechaliśmy tu w Lalezarze, co jest odpowiednie pod względem kosztów i mamy tu dodatkową górną komorę.

GOLSHAN
Arax café. Gratuluję.

ARMINA
Stało się to hangoutem. Przyjaciele zbierają się po południu i czytają wiersz, opowiadanie, tłumaczenie, czy coś. Gadają i spędzają czas.

GOLSHAN
Jak miło... Kiedy on odszedł?

SEROJ
Jeden z tych starych dni. Chciał stworzyć nową grupę do pracy, ale nie żył wystarczająco długo, by...

GOLSHAN
Tak mi przykro, gdy usłyszałam to od mamy. Zawsze pamiętałam te dni, w których dawała ci ubrania szyte przez Matkę do teatru. Takie miłe dni! Chciałabym, żeby tu był i powiedziałabym mu, jak bardzo jego nauka mi pomogła...

ARMINA
Pij kawę, Hassan. Chce mu się przeziębić.

Wszyscy piją kawę.

SEROJ
Co chcesz zrobić?

GOLSHAN
Chcę grać w teatrze.

SEROJ
Teatr?

GOLSHAN
Yeah, teatr...

SEROJ
Wiesz, że jesteśmy teraz w takich warunkach, że teatr nie jest priorytetem. Praktycznie nie widzimy żadnego prawdziwego teatru, poza kilkoma słabymi dziełami.

GOLSHAN
Tak czy inaczej, chcę to zrobić.

SEROJ
Spróbuj, ale pozwól, że powiem ci teraz, że nie masz aktora, nie masz miejsca na występy i nie jest tak łatwo mieć pozwolenie.

GOLSHAN
Za co? Jaki jest ich problem?

SEROJ
W tej chwili to właśnie policja decyduje i nie pozwala na to łatwo.

GOLSHAN
Staram się... spójrz na to... [Wyciąga *sztukę na maszynie z torby i kładzie ją na biurku*]

SEROJ
Mewa... Anton Chekov... nie słyszał jeszcze swojego imienia... a ty Armine?

ARMINA
Czy on jest Rosjaninem?

GOLSHAN
Tak. Jak to możliwe, że tego nie słyszałeś?

ARMINA
Znamy tylko Puszkina i Tołstoja.

SEROJ
Kiedy to zostało napisane?

GOLSHAN
Jakieś czterdzieści lat temu. Bądź u siebie. Przeczytaj to, chcę to zrobić. Seroj, zrobisz mi przysługę?

SEROJ
Co?

GOLSHAN
Wyślij wiadomość do tych, którzy pracowali w teatrze w dawnych czasach. Wysyłaj słowa do tych, którzy prawdopodobnie pracują w teatrze. Powiedz im, żeby się umówili.

SEROJ
Gdzie chcesz teraz zostać?

GOLSHAN
Na razie jestem w domu mojej siostry. Zobacz, co się stanie.

SEROJ
Czy mają dodatkowy pokój w tym domu?

GOLSHAN
Nie, w tej chwili jestem w pokoju Mothe'a. Byłeś tam?

ARMINA
Tak. Dwa lub trzy razy ja i Seroj tam poszliśmy.

SEROJ
Chciałem zasugerować, że nie jest źle znaleźć miejsce dla siebie.

GOLSHAN
Zastanawiam się nad tym. Mogą być niespokojni.

SEROJ
Tak jest lepiej dla wszystkich.

ARMINA
Jeśli nie znalazłeś żadnego miejsca, mamy tu dodatkowy pokój. Oczywiście, jeśli ci to odpowiada.

GOLSHAN
Wielkie dzięki. [*Stands up*]

SEROJ
Gdzie idziesz? Nie zostaniesz na lunch?

GOLSHAN
Nie, muszę iść. Przyjdę do ciebie pogadać.

Armine i Seroj wstawać.

Oh, miałem zamiar zapomnieć. [*Otwiera swoją torbę i wyciąga taksydermę mewy*]

Ręce mewy do Seroj.
Ciemność.

SCENA 5

Dwa tygodnie później scena 3. Kolegium teatralne. Biuro doktora Bahariana. Jest za biurkiem. Amin siedzi przed swoim biurkiem. Farokh jest trochę dalej.

BAHARIANIN
W każdym razie, rozmawialiśmy o zmianie tytułu twojej tezy na sesji grupowej. Pan Farokh też tam był... niestety pański nowy numer nie został ratyfikowany ze względu na jego problem z tematem i brak referencji.

Farokh wyjmuje swoją fajkę i opakowanie po tytoniu i czyści je.

AMIN
Szczerze mówiąc...

FAROKH
Właściwie zgadzam się z brakiem referencji, ale nie zgadzam się ze słabością tematu.

BAHARIANIN
Wręcz przeciwnie, jego głównym problemem jest jego własny podmiot. Dlaczego nie usłyszeliśmy nazwiska tej osoby? Opublikowałem około osiemset stron historii Teatru Iranu; od lat pracuję nad tym tytułem, panie Farokh! Ale nie wiem, jak pan znalazł tę osobę dla nas?

FAROKH
Nie, sir, nie zaznaczyliśmy go. On był prawdziwym mężczyzną.

BAHARIANIN
Przypuśćmy, że był on prawdziwym człowiekiem, jakie znaczenie ma dla niego praca dyplomowa na studiach magisterskich?

FAROKH
Żartuje pan sobie ze mnie? Student studiów magisterskich powinien mieć możliwość wypowiadania nowych rzeczy w swojej pracy dyplomowej, prawda?

BAHARIANIN
Naturalnie...

FAROKH
Albo przynajmniej proponuje teorię, której nie trzeba udowadniać.

BAHARIANIN
Tak... to się dzieje tylko we Francji, na czym można spędzić miesiące na niczym! Ale my jesteśmy w Iranie i potrzebujemy rezultatu.

FAROKH
Chociaż wynik jest ważny, to nie ma znaczenia. Istotne jest odkrywanie przez uczniów.

BAHARIANIN
Panie Farokh, to jest dyskusja, na którą czasem mieliśmy okazję wcześniej i nigdzie nie dotarliśmy. Wróćmy do głównej sprawy.

Farokh potwierdza głową i szturcha swoją fajkę.

BAHARIANIN
Dobrze, panie Parsa, jakie jest pańskie usprawiedliwienie niedoboru przedmiotu, a także referencje?

AMIN
Profesorze, nie miałem zbyt wielu referencji w ciągu tych dwóch tygodni, odkąd zacząłem pracę, szczerze mówiąc byłem rozczarowany, aż do dwóch dni temu, że znalazłem nowe informacje od Hassana Golshana.

BAHARIANIN
Ta informacja nie była w twojej propozycji, prawda?

AMIN
Tak profesorze.

BAHARIANIN
Dobra, co to jest?

AMIN
Znalazłem jego nazwisko na liście nauczycieli nowoczesnej szkoły aktorskiej w Iranie w 1942 roku.

FAROKH
Oznacza to, że podmiot nie ma braków i możemy nad tym pracować.

AMIN
Ciekawe... więc dlaczego do tej pory nie znalazło to odzwierciedlenia w żadnym źródle?

FAROKH
Widzisz, że stopniowo będą się pojawiać jego referencje. Ten temat może być odniesieniem

samym w sobie.

BAHARIANIN
Jesteś bardzo optymistyczna.

AMIN
Nie rozpocząłem jeszcze pracy nad ówczesnymi gazetami i czasopismami, ale na pewno znajdę kilka rzeczy.

Cisza.

BAHARIANIN
Racja panie Parsa ty... możesz kontynuować swoją pracę, czekam na twój wynik, daj mi znać.

FAROKH
Oczywiście pan Baharian uważa, że to ja jestem jego doradcą do spraw pracy dyplomowej.

BAHARIANIN
Tak, tak... Panie Parsa, może pan iść.

Amin wstaje. Patrzy na Farokha. Węzły Farokh'a. Amin wychodzi. Cisza. Baharianin wstaje i idzie na drugą stronę biurka. Tymczasem Farokh gasi fajkę i wkłada ją z tytoniem do torby. Idzie. Rozumie, że Baharianin patrzy, kto się na niego gapi.

BAHARIANIN
[*Pauza*] podziwiasz, że próbujesz zniszczyć tu takie bzdury.

FAROKH
Jak?

BAHARIANIN
Widzę twoje nauczanie, twoje wykłady, listy, nad którymi pracujesz... naprawdę niedorzeczne.

FAROKH
Oczywiście szanuję twoje myśli, ale to nie jest złe, że patrzysz na siebie przez jakiś czas.

BAHARIANIN
Patrząc na twoje prace, spędzam mój czas, którego nie mogę wykonać.

FAROKH
Taki zły, ale przy wszystkich twoich kłopotach radzę ci zapytać innych o siebie.

BAHARIANIN
Przez innych rozumiesz siebie?

FAROKH
Nie trzeba!

BAHARIANIN
Więc co?

FAROKH
tych studentów, nauczycieli, pracowników...

BAHARIANIN
Masz na myśli tych studentów, których napełniłeś ich umysły wyimaginowanymi ludźmi? Mówi pan o ludziach, którzy nie byli obecni przez cały czas? Ludziom, którzy uważają, że każdy wymawiający salut jest osobą dla siebie? Gdzie pan był, panie Farokh w tym czasie ja, z tą niedźwiedzią ręką zarządzałem tą uczelnią w te ciężkie dni? W której kawiarni w Paryżu pił pan swoją kawę? Ha! Gdzie pan był? Zawsze mówię im, żeby nie sprowadzali nam zagranicznych lekarzy. Wiesz, że pan Farokh jest człowiekiem, który dostaje swoje doktryny w swoim kraju.

Cisza.

FAROKH
Ratyfikuj list tego ćwieka.

BAHARIANIN
Ok. Bóg pomaga ci w dniu swojej obrony.

Ciemność.

SCENA 6

Trzy tygodnie po scenie 4. Arax café. Jest wieczór, kawiarnia nie jest zatłoczona. Taksyderka mewa jest na barze. Klient usiadł za stołem. Golshan, Fatolla Saadat i Habib Javanshir siedzieli za innym stołem. Armine jest za barem. Seroj odpowiada klientom.

SAADAT
Chciałbym, żebyś tam był, Hassan... Ludzie klaskali, gwizdali...

JAVANSHIR
Były tam paczki prażonych nasion wyrzucane przez ludzi w górę.

GOLSHAN
Prażone nasiona?

SAADAT
Wyrzucili swoje paczki z nasionami w powietrze, będąc tak szczęśliwi.

JAVANSHIR
Osiemdziesiąt nocy w takim salonie! [Położył *ręce na siebie, jak tłum na widowni*]

GOLSHAN
Osiemdziesiąt nocy?

SAADAT
Tak, zapomnij o tych czasach, kiedy występujemy tylko trzy lub cztery noce.

JAVANSHIR
W dzisiejszych czasach ludzie chcą się uśmiechać i być szczęśliwi.

SAADAT
To oznacza teatr.

JAVANSHIR
Tylko Moliere, tylko Moliere jest rozwiązaniem.

GOLSHAN
Masz na myśli wciąż Moliere...

SAADAT
Przy tej ulicy LaleZar mieszka madam Janet, która tłumaczyła wszystkie sztuki Moliere'a i sprzedaje je po bardzo niskich kosztach.

JAVANSHIR
Wszystkie. Taki z niego dramaturg.

SAADAT
On sprawia, że salon jest zatłoczony.

SEROJ
Madame Janet? Kiedy została tłumaczką? Słyszałeś, że Armine? Madame Janet...

ARMINA
Ona sprzedawała kobietę od kawy!

SEROJ
Teraz jest tłumaczem.

ARMINA
Ahh...

Oboje się uśmiechają.

SAADAT
Każdy, kto chce, idzie obok niej, daje jej pieniądze i bierze sztukę.

JAVANSHIR
Chodzimy do niej co dwa lub trzy miesiące, zabieramy jej nowe tłumaczenie i dostosowujemy je.

GOLSHAN
Adaptacja?

SAADAT
Yeah, Soleimun będzie Sakine, Alsest będzie Munes, Arnut będzie również Bahram Khan.

JAVANSHIR
Przygotowujemy się z naszym oddziałem w ciągu tygodnia...

GOLSHAN

Tylko jeden tydzień?

SAADAT
Potem, jeśli policja nie będzie robić małpiego biznesu, będziemy występować siedemdziesiąt lub osiemdziesiąt nocy na scenie.

JAVANSHIR
Ludzie też będą się cieszyć.

SEROJ
Hassan, powiedziałeś, że przygotuj scenariusz dla chłopaków, chcesz go teraz?

SAADAT
Co? Scenariusz? Jaki scenariusz? Kto go napisał?

JAVANSHIR
Więc wróciłeś pełnymi rękami z Moskwy.

SAADAT
Niech Bóg błogosławi twoją duszę, nie trzeba już dłużej umniejszać siebie przed tą straszną panią Janet.

JAVANSHIR
Czy to jest komedia?

GOLSHAN
Tak...

SAADAT
Cóż, więc przygotuj się do przystosowania go...

Głos małego dzwoneczka na drzwiach. Mahmud Nosrat wchodzi. Ma na sobie brązową walizkę w trylbicznym kapeluszu.

SEROJ
I oto nadszedł nasz własny pan Mahmud Nosrat.

Podają sobie rękę.

Siadaj, drogi Mahmud. Witaj, zgadłem, że już nie przyjdziesz.

Seroj prowadzi go w kierunku Golshan. Golshan wstaje. Nosrat przytula go ciepło.

Mahmud? Kawa?

NOSRAT
Chyba tak.

Seroj idzie do kuchni.

Widzę, że jesteście zebrani.

SAADAT
Uczyniłeś naszą imprezę idealną.

NOSRAT
Tacy pechowi ludzie, w których jesteśmy dziś wieczorem, widząc was.

JAVANSHIR
Cóż, nie wiedziałam, że cebula jest wśród owoców.

NOSRAT
W każdym razie uważaj, żeby ta dawka cebuli nie przyniosła łez do oczu.

SAADAT
Jeśli...

GOLSHAN
Dlaczego nie usiądziesz Mahmud?

NOSRAT
Spieszę się... po prostu przyjdę do ciebie...

GOLSHAN
Więc nie zostaniesz z nami?

NOSRAT
Tak bardzo mi się podoba, ale... ale...

GOLSHAN
Dlaczego?

NOSRAT
Przyjdziesz do mnie na chwilę?

Golshan usprawiedliwia Saadata i Javanshira i zabiera Nosrat do innego stołu.

Przepraszam, ale nie spodziewałem się ich.

GOLSHAN
Ale oni są...

NOSRAT
Widzę, ale dawno już nie jestem w takim nastroju.

GOLSHAN
W porządku, jutro, tutaj ok?

NOSRAT
Dobra, ale nie tutaj. Mamy małą sesję pod tym adresem w środy [wyjmuje *papier i długopis z kieszeni i pisze adres dla niego*] zbieramy się tutaj. [Wyciąga papier i długopis z kieszeni i pisze adres dla niego] Zbieramy się tutaj. [*Daje mu papier*] [Podaje *mu rękę*]

SEROJ
Dlaczego nie usiądziesz Mahmud?

NOSRAT
Idę. Tu jest tak tłoczno, że przyjdę do ciebie innego dnia, który tutaj jest mniej tłoczno.

SEROJ
To twoja kawiarnia, przychodź kiedy tylko chcesz.

NOSRAT
Więc do zobaczenia w środę o piątej.

GOLSHAN
Jasne.

Nosrat wychodzi.

SEROJ
Umówiłeś się?

GOLSHAN
Yeah, w środę.

SEROJ
Gdzie?

GOLSHAN
Nie wiem.

Pokazuje ten adres do niego. Seroj patrzy na niego.

SEROJ
Mógłbyś się umówić w naszej kawiarni.

GOLSHAN
Powiedziałem mu, ale on powiedział, że lepiej ci nie przeszkadzać.

SEROJ
Nosrat i komplement? [Uśmiecha *się*]

SAADAT
Czy on poszedł?

GOLSHAN
Tak, miał pracę do wykonania.

JAVANSHIR
Ta wielka pętla, nieważne.

SAADAT
Z jego gównianymi wąsami.

JAVANSHIR
Mówiłeś o swoim scenariuszu?

SAADAT
Powiedział, jak się nazywa?

SEROJ
Mewa.

Ciemność.

SCENA 7

W środę tego samego tygodnia, w domu Rafi'ego Molkara. Golshan, Rafi Molkara, Yosef Sadegh i Nosrat siedzą obok siebie. Golshan jest pośrodku, Nosrat jest po lewej, Molkara po prawej, a Sadegh stoi za Molkarą. Nad stołem znajduje się lampa, która jest jednocześnie światłem sceny. Przed Golshanem znajduje się popielniczka i rękopis mewy.

MOLKARA
Tak się ucieszyliśmy, że nasz kumpel wrócił z Moskwy.

NOSRAT
Hassan pan Molkara wyświadczył nam wielką przysługę. Przeprowadzamy środową sesję z tą osobą. Sadegh zajmuje się pracami wykonawczymi i całą koordynacją.

SADEGH
Oczywiście, żeby być szczerym, Mahmud robi rzeczy, ale w końcu jest zarejestrowany na nasze nazwiska.

NOSRAT
Każdy wykonuje każdą pracę, którą może zrobić dla innych.

MOLKARA
W porządku, powiedz nam z Moskwy. Czekamy na ostatnie wieści.

Golshan chce coś powiedzieć, ale Sadegh na niego nachodzi.

SADEGH
Chłopaki, czyż nie czujecie zapachu? Pachnie Moskwą, prawda?

GOLSHAN
Nie, to nie jest tak.

MOLKARA
Przepraszam, co jest nie tak?

NOSRAT
Hassan nie miał na myśli niczego szczególnego. A ty?

GOLSHAN
Nie.

Cisza. Wszyscy są zaskoczeni.

SADEGH
Przepraszam?

GOLSHAN
Chłopaki...! *Kumple*! Piec naszego drogiego sąsiada jest zimny od dawna.

MOLKARA
Co masz na myśli?

GOLSHAN
Piec sąsiadów wyłączył się, ponieważ niewinni ludzie ze wszystkimi swoimi nadziejami i pragnieniami pochowani pod cyberiańskimi lodami.

Molkara i Sadegh patrzą na Nosrat.

NOSRAT
Mógłbyś to bardziej rozwinąć, Hassan?

GOLSHAN
Możesz to tolerować? Ok... jeśli możesz to znieść, powiem ci...

SADEGH
Powiedz to...

GOLSHAN
W tym czasie, kiedy my tu siedzimy, oni obdzierają ze skóry ludzi, którzy pewnego dnia stali i płakali [*do Molkary*] wolność, [*do Sadegh*] sprawiedliwość [*do Nosrat*] braterstwo. Panie Molkara, to miejsce, którego pan szuka, pachnie teraz zapachem... zapachem zgniłego ludzkiego mięsa.

SADEGH
Co to za bzdury, o których mówisz?

GOLSHAN
Nic nie wiesz o swoich marzeniach o zatrzymaniu Stalina. Nie wiesz, że posiadanie w ojczyźnie tomu książki Hafeza, którego twoja obrona może wysłać cię do Cyberii. Nie znasz wszystkich obywateli Rosji...

MOLKARA
Związek Radziecki, panie...

GOLSHAN
Powinien być pracownikiem Tajnej Policji. Nie wiesz, że bycie Irańczykiem jest przestępstwem. Nie wiesz, że komisja wewnętrzna może wysłać cię do plutonu egzekucyjnego. Panie Sadegh, nie wie pan, że pańska czerwona flaga krwawi.

SADEGH
Jesteś niekompetentny, reakcyjny i zostajesz w tyle.

NOSRAT
Towarzysze... towarzysze, błagam!

MOLKARA
Mahmud to osoba, o której mówiłeś, że pochodzi ze Związku Radzieckiego?

SADEGH
Czy to on?

MOLKARA
Piszę to jako twoja wina, powiedziałeś, że artysta do nas dołączy.

NOSRAT
Miałyśmy porozmawiać o wystawieniu sztuki. To nie mnie powinieneś winić.

MOLKARA
Nie, mówiłem ci, że miliony czasu nie pozwalają na to, by jakikolwiek zwykły człowiek...

GOLSHAN
Tacy ludzie jak ty niszczą przyszłość tego kraju...

SADEGH
Wychodzę, mówię...

Golshan odbiera torbę i wychodzi.
Ciemność

SCENA 8

Arax Café. Trzy dni po scenie 7. Golshan siedzi sam za stołem i pali. Głos małego dzwoneczka nad drzwiami. Wchodzi Ahanchi niosący torbę. Zatrzymuje się przed wejściem. Rozgląda się dookoła. Potem idzie w stronę Golshana. Zdejmuje kapelusz i siada.

AHANCHI
Czy byłem na czas?

GOLSHAN
Tak.

AHANCHI
Ładnie zrobione. Mają dobrą praktykę w tej pracy. Przedtem, tutaj była apteka ormiańskiego mężczyzny. Lekarz też mieszkał w mieszkaniu nad nim... Jak się masz?

GOLSHAN
Tak samo jak zawsze.

AHANCHI
Co się dzieje?

GOLSHAN
Nic.

AHANCHI
Co pan zrobił? Zgłosiłeś się na policję?

GOLSHAN
Tak, ale oni jeszcze nie odpowiedzieli.

AHANCHI
Prędzej czy później odpowiedzą... [*Pauza*] Widziałeś ludzi, którzy chcieli zobaczyć?

GOLSHAN
Tak, widziałem je.

AHANCHI
Czy były dobre?

GOLSHAN
Tak, byli.

AHANCHI
Znacznie częściej pyta się starych przyjaciół czujących.

GOLSHAN
Tak.

AHANCHI
Ale lepiej jest znaleźć sobie nowych przyjaciół.

GOLSHAN
Dlaczego?

AHANCHI
Bo czas się zmienił, może starzy przyjaciele sprawiają nam kłopoty.

GOLSHAN
Tak.

AHANCHI
Kiedy nie ma cię w miejscu przez kilka lat, a potem wracasz, zobaczysz, że się zmieniły. A ty nie?

GOLSHAN
Tak. Nie jesz czegoś?

AHANCHI
Nie, nie. Spieszę się. Nie mogę długo czekać. Są rozmowy, których nie możesz zaproponować w domu. Rozumiesz?

GOLSHAN
Tak.

AHANCHI
Myślę, że lepiej poszukać dla ciebie nowego miejsca. To jest lepsze albo dla ciebie, albo dla nas.

GOLSHAN
Nie rozumiem.

AHANCHI
Całkiem prosto, powinieneś znaleźć miejsce dla siebie. Nie możesz mieszkać z nami wiecznie.

GOLSHAN
Właściwie to myślałem o tym. Zamierzam pojechać gdzieś w poprzednich miesiącach, jeśli to możliwe...

AHANCHI
Nie rozumiesz, o co mi chodzi?

GOLSHAN
Przepraszam?

AHANCHI
Nie rozumiesz, co robisz!

GOLSHAN
Co masz na myśli?

AHANCHI
Schowałeś głowę w piasku i myślisz, że nie rozumiem, co robisz. Nie uznałem swojego życia za proste, które pozwala na zniszczenie go przez jakiegokolwiek bandziora, który pochodzi znikąd.

GOLSHAN
Słuchajcie...

AHANCHI
Nie, posłuchaj, to przez wzgląd na twoją mamę nic ci nie powiedziałem, albo wyrzuciłbym cię tej pierwszej nocy. Ten, który obiecuje pracować w tym kraju jak prawdziwy człowiek, nie ma prawa być w miejscu, które jego ludzie sabotują przeciwko jego krajowi. Nie wiem dlaczego i jak uczynili cię wolnym, ale wiem, że nie masz pozwolenia na bycie w moim życiu i wokół niego. [*włożył kapelusz i podniósł torbę*], ale przyjdź po swoje rzeczy, kiedy mnie nie będzie w domu. Rozumiesz o co mi chodzi?

On wychodzi.
Ciemność

SCENA 9

Siedziba domu Fereiduna Farokha. Trzy tygodnie po scenie 6. Farokh, Parsa i Negar Jahed siedzą na sofie w kształcie litery L. Przed sofą jest mały stolik. Nad nim jest pudełko z cukierkami. Po prawej stronie sceny znajduje się szafa, a po lewej łóżko, na którym spała chora matka Farokha.

AMIN
Co się stało z profesorem książki?

FAROKH
Musiały zostać przyjęte do starych księgarni w Enghelab. Włożyłem kilka niezbędnych książek do mojego pokoju.

AMIN
Jaka szkoda.

FAROKH
nie kochana Amina... czasami powinniśmy się czegoś pozbyć, choć to oni są najbardziej ukochani.

AMIN
Mówiłeś, że te książki to pomnik mojego ojca.

FAROKH
Dostaję depresji, gdy patrzę na te wszystkie nieprzeczytane książki...

NEGAR
Czy powinieneś przeczytać wszystkie nieprzeczytane książki świata?

FAROKH
Oprócz wszystkich książek na świecie, nie czytałem książek z biblioteki. Nie mogłem znieść ich odpowiedzialności. Czasami musimy być odprężeni i puste wokół siebie. Dlaczego nadal nosisz kurtkę? Odłóż ją. Otwieram też to pudełko ze słodyczami, żeby zobaczyć, co nam przyniosłaś.

AMIN
Ta sama Gatta. [*Idzie do szafy, zdejmuje marynarkę i zawiesza ją*]

FAROKH
Naleję herbaty do jedzenia z tą pyszną Gatą.

Farokh wstaje i przynosi pudełko z cukierkami.

NEGAR
Nie musisz tego robić, ja przyniosę herbatę.

FAROKH
Zrobisz to...

Negar bierze od niego pudełko po cukierkach i idzie do kuchni.

Więc mogę zapalić fajkę.

Ustawia swoją fajkę i tytoń. Tymczasem Amin idzie do łóżka matki Farokha i patrzy na nią. Potem wraca na swoje miejsce.

AMIN
Nie polepsza ci się?

FAROKH
Nie... jak zawsze.

Długa cisza. Negar wraca z tacą cukierków i herbaty. Rozumie matkę, która otworzyła oko. Kładzie cukierki i herbatę na stole i idzie do łóżka.

NEGAR
Otworzyła oczy.

FAROKH
Naprawdę...?! Spała od rana.

NEGAR
Cześć mamo, wszystko w porządku? Lepiej ci dziś? [Sprzątanie *włosów matki*]

FAROKH
Od rana nic nie jadła.

NEGAR
Nakarmię ją.

FAROKH
Przepraszam, że nie wiesz...

NEGAR
Jej urządzenia są przy łóżku...?

FAROKH
Tak, ale...

NEGAR
Ja sam ją karmię. [*Ona wybiera dużą strzykawkę obok łóżka i otwiera ją*]

AMIN
Wiesz, że jej babcia stała się taka jak ona, Negar zajmował się nią bez przerwy. Straciła jaskółkę? Powinniśmy nakarmić ją od nosa?

Farokh potwierdza z głową.

NEGAR
Przepraszam, czy jej jedzenie jest w lodówce?

FAROKH
Tak... Przepraszam.

NEGAR
To nie ma znaczenia.

Negar idzie do kuchni. Pauza.

FAROKH
W porządku, wyjaśnij co zrobiłeś?

AMIN
[*Otwiera torbę i wyjmuje teczkę*] Znalazłem coś, w co sam im nie wierzę.

FAROKH
Czym oni są?

AMIN
Szukałem w Bibliotece Narodowej, która przypadkowo widziała dokument. Był to list z części finansowej Cesarskiej Armii do osoby o nazwisku Khan Baba Golshan.

FAROKH
Khan Baba Golshan...

AMIN
List zrywający mu pensję.

FAROKH
Słyszałem to imię w...

AMIN
Spójrz na to.

FAROKH
Czy to nie ten list od policji, który ci dałem?

AMIN
Tak, patrz, został napisany Khan Baba przed nazwiskiem ojca Hassana Golshana.

FAROKH
Wow, brawo chłopcze.

Wchodzi Murzyn. Wlewa jedzenie do strzykawki i karmi matkę.

AMIN
W liście tym jest napisane, że od sierpnia 1922 r. Khan Baba Golshan pobierał pensję, a także został deportowany ze służby wojskowej.

FAROKH
Jaki był tego powód?

AMIN
Do listu dołączono kilka innych dokumentów. Ciekawe, że nie zostały one zarejestrowane w dokumentach Biblioteki Narodowej. Właśnie zobaczyli tytuł pierwszego listu i zarejestrowali go. Kiedy dałem je do skanowania, operator powiedział, że ten papier ma kilka załączników. Był protestujący list Khan Baby Golshana. [*Wyjmuje kolejny papier z teczki*] Oto list.

Dał go Farokhowi i przeczytał list.

To jest list Khan Baby Golshana do sędziego. Jakby nie posłuchał rozstrzelania ludzi w 1920 roku w Powstaniu Tabrizerskim, dlatego został uwięziony, a oni obcięli mu pensję. To jest jego list protestacyjny do dowództwa sędziego.

FAROKH
Co jeszcze znalazłeś?

AMIN
To jest polecenie degradacji Golshana. Oni dali jego porucznika.

FAROKH
Co to jest?

AMIN
Dzisiejszym odpowiednikiem jest pierwszy porucznik, który zostaje kapitanem.

FAROKH
Co jeszcze masz w rękawach?

AMIN
W tej chwili nic, ale mam nabytą przyjaciółkę w Enghelab, która jest w magazynie, książce i starych dokumentach. Ja też jej powiedziałem i czekam na jego wyniki.

Negar skończyła swoją pracę. Wraca na swoje miejsce.

NEGAR
Dlaczego nie wypiłaś swojej herbaty?

FAROKH
Twoja amina wywiera na mnie taką presję, że zapomniałem jeść.

NEGAR
Mogę to zmienić?

FAROKH
Czas na herbatę minął, to czas na kolację.

NEGAR
Nie, nie przeszkadzamy ci już.

AMIN
Tak, idziemy.

FAROKH
Gdzie? Mam teraz apetyt, usiądź, ugotowałem ci dziś wieczorem reżimowe jedzenie. Gotowany kurczak i ziemniaki i marchewka i gotowana kapusta.

Ciemność.

SCENA 10

Tydzień po scenie 8. Armeńska Szkoła IranPiroz. Hakhbandian uczy ormiańskiego chłopca w szkolnym biurze, jego pokój nie ma światła. Seroj i Golshan czekają w korytarzu, na zewnątrz biura.

SEROJ
Minęły trzy lub cztery lata, od kiedy zamknęli ormiańskie szkoły. Nie pozwalają studiować z naszym językiem. Czy uważasz, że przez te cztery lata nie mieliśmy nawet jednego teatru z naszym językiem?

GOLSHAN
Czy to dla niego bezpieczne?

SEROJ
To bardzo prywatna klasa, którą znają tylko niektóre armeńskie rodziny.

GOLSHAN
Myślisz, że on może nam pomóc w tej sytuacji, czy nie?

SEROJ
Jeśli może coś zrobić, zrobi to bez wahania.

Światło na nich gaśnie. Światło w pokoju Hakhbandian zanika.

HAKHBANDIAN
Teraz czytamy ostatni akapit.

CHŁOPIEC
Król rozkazał otworzyć kajdany na ręce ojca. Girgor pobiegł do ojca i przytulił go. Pocierał głowę nieporządnie i długie niedźwiedzie ojca. Łzy ojca zamoczyły twarz Grigora. Król spojrzał na nie ze swojego tronu. Uśmiechnął się i kazał swojemu sekretarzowi przynieść ciepłe jedzenie dla ojca i Grigora. Dzień po tym poszli do swojego domu z darami władcy.

HAKHBANDIAN
Dobra robota! Dużo się poprawiłeś. Powinieneś czytać trochę wolno i czysto. To jest twój prezent. Zapisz tę historię jeszcze raz na następną sesję.

Chłopak zabiera torbę i książkę i wychodzi.

SEROJ
Chyba możemy go teraz zobaczyć.

Wchodzą do szkolnego biura. Światło korytarza gaśnie.

HAKHBANDIAN
Wow, kochany Seroj, daj spokój... Co się stało, że pytałeś o moje zdrowie?

SEROJ
Wiesz, że w dzisiejszych czasach jestem zaangażowany w kawiarnię.

HAKHBANDIAN
Ten Seroj ustawia się między krzesłami a stołem, daje ludziom kawę i mówi, że na litość boską, jestem nadziany. [*Idzie do nich z biurka*] Nie ma nikogo, kto by mu powiedział, że oszalałeś opuszczając gminę?

Pocałował Seroja w oba policzki i uścisnął dłoń z Golshanem.

Jak się ma Armine?

SEROJ
Ona też jest dobra, chciała przyjść...

HAKHBANDIAN
Zostawiłeś ją samą w kawiarni i przyszedłeś tutaj? Powiedziałem jej setki razy, żeby pojechała z Armine'em, ale on nie słucha. Siadajcie.

Wraca za biurko. Pozostali siadają.

Znam Seroja od małego. Nie wiem, czy ci powiedział, czy nie, ja i jego ojciec byliśmy przyjaciółmi przez pięćdziesiąt lat.

GOLSHAN
Tak, powiedział mi.

HAKHBANDIAN
Kiedy powiedział mi, że chce do mnie przyjść, powiedziałem, że ten Seroj zrobił ze mnie chciwy plan. Haha haha ha...

Golshan i Seroj uśmiech Hakhbandian uśmiech.

Dobra, powiedz mi... czego chcesz...

SEROJ
Cóż, historia jest taka, że mój przyjaciel niedawno wrócił z Moskwy. Studiował tam teatr.

HAKHBANDIAN
Cóż... jak miło.

SEROJ
On chce tu pracować w teatrze.

HAKHBANDIAN
Co mogę zrobić?

SEROJ
Teatr, który występował w nim z moim ojcem? Może być użyty?

HAKHBANDIAN
Chodzi ci o ten salon na dole? Zamykamy go od dłuższego czasu.

GOLSHAN
Nie można już używać?

HAKHBANDIAN
Oczywiście, że możesz go użyć. Ale powinieneś go naprawić.

Odbiera słodkie danie z biurka i oferuje je. Każdy z nich wybiera jedno słodkie danie.

Co chcesz wykonać?

GOLSHAN
Sztuka Antona Chekova...

HAKHBANDIAN
Checkov... Checkov... hahahaha... oh Chekov masz na myśli tego pisarza satyry?

GOLSHAN
Tak, on jest... znasz go?

HAKHBANDIAN
Tak, najwyraźniej jestem nauczycielem literatury! Przeczytałem niektóre z jego opowiadań. Czy zaadaptowałaś swój scenariusz z jego opowiadań?

GOLSHAN
Nie, to jest jeden z jego własnych.

HAKHBANDIAN
Czy on też był dramaturgiem?

GOLSHAN
Tak, napisał kilka sztuk.

HAKHBANDIAN
Jeśli jest osobą, którą kiedyś znałem, to myślę, że rozśmieszy każdego. Więc dobrze.

Golshan uśmiecha się i kiwa głową.

SEROJ
Może na początku się uśmiechają, ale zakończenie nie jest takie zabawne.

HAKHBANDIAN
Na końcu każdego uśmiechu jest wołanie. Czyż nie? Hahahah...

Inni też się uśmiechają.

Ok, chodźmy pokazać ci ten salon. Mam nadzieję, że znajdziemy jego klucz. [*Otwiera szufladę w biurku i znajduje klucz po jakichś poszukiwaniach*] Hahahah... oto klucz. Chodźmy...

Światło pokoju się rozpuszcza. Scena staje się ciemna.

HAKHBANDIAN
Pan Golshan I i Avakian, nie ten Seroj, to znaczy wielki Avakian, byli przyjaciółmi przez 50 lat. Graliśmy w tym teatrze co tylko chcieliście: Moliere, Shirvanzade, Shiller i Shakespeare. On był organizatorem sceny, a ja grałem. Ten mały Seroj również poruszał się między nami. Oto on. [*Jakby otwierał drzwi kluczem. Głos łańcuchów*] Tu jest salon.

Jasne. Stoją przed sceną teatralną. Długa czarna szmatka przykryła scenę. Golshan rozgląda się dookoła.

Ten teatr ma pojemność stu pięćdziesięciu osób.

SEROJ
No i co o tym sądzisz?

GOLSHAN
Bardzo dobrze. Panie Hakhbandian, możemy odebrać ten czarny materiał?

Wyglądają jak Hakhbandian.

HAKHBANDIAN
Tak, tak.

Golshan i Seroj biorą jedną stronę materiału i odsłaniają ją. Zobaczymy opuszczoną scenę. Wśród sceny jest szpadel, kilof i trumna, obok czaszka i trochę kości. Wokół są krzyże: scena cmentarza. Hakhbandian idzie do miejsca zbrodni i podnosi czaszkę.

HAKHBANDIAN
Ta czaszka miała w sobie język i mogła kiedyś śpiewać. Jak knawa wbija ją w ziemię, jakby to była szczęka Kaina, który dokonał pierwszego morderstwa! To może być pasztet polityka, którego ten tyłek teraz o'erreaches, który obejdzie Boga, czyż nie? Hamlet. Piąty akt. Pierwsza scena.

Ciemność.

SCENA 11

Arax café. Tydzień po dziesiątej scenie. Wieczór. Kawiarnia jest zamknięta. Seroj, Armine i Golshan siedzą za stołem i grają w czytanie z gry mewy.

GOLSHAN
Tak, w porządku - tylko nie każ mi go widzieć - nie mogę się z nim zmierzyć - nie dam rady... [*Stoi od stołu i stoi*]

SEROJ
Linie jedenasta i dwunasta. "Jeśli kiedykolwiek będziesz potrzebował mojego życia, przyjdź i weź je."

GOLSHAN
Seroj! Łatwo ci mówić o dialogu. Załóżmy, że rozmawiasz z Armine'em.

SEROJ
[*Jak Trigorin. Nie czyta tym razem naciągniętych, ale bookish*] Linie... jedenasta i... dwunasta.

GOLSHAN
Trochę lepiej, żeby to było trochę nieformalne... złamać swoje słowa.

SEROJ
Linie... jedenaście... i dwanaście [*Wychodzi z roli*] tu jest książka, prawda?

GOLSHAN
Tak, tak, tak...

SEROJ
"Jeśli kiedykolwiek będziesz potrzebował mojego życia, przyjdź i weź je."

ARMINA
Wkrótce przywiozą konie.

SEROJ
"Jeśli kiedykolwiek będziesz potrzebował mojego życia, przyjdź i weź je."

ARMINA
Wszystko spakowane?

SEROJ
Tak... tak... dlaczego taka nuta smutku w tym płaczu z niewinnego serca? I dlaczego moje serce

jest przebite? "Jeśli kiedykolwiek będziesz potrzebował mojego życia, przyjdź i weź je." Zostańmy jeszcze jeden dzień! Dlaczego nie możemy?

GOLSHAN
To jest to. Spokojnie. Ja też to mówię. Wyobraź sobie, że obudziłeś się i rozmawiasz rano w kawiarni. Cóż, na razie jest dobrze. Weźcie oddech, będziemy trzymać go dalej.

ARMINA
Chyba Mehrie zaraz przyjdzie.

SEROJ
Panie dyrektorze, możemy się napić kawy?

GOLSHAN
Dlaczego nie?

Seroj idzie do kuchni. Golshan siada.

Powiedział pan, gdzie pracuje pański przyjaciel Mehrie?

ARMINA
Ona jest teraz maszyną do pisania w biurze. Skończyła już studia.

GOLSHAN
Co ona studiowała?

ARMINA
Literatura perska.

GOLSHAN
Na uniwersytecie?

ARMINA
Tak, Uniwersytet Teherański.

GOLSHAN
Czy kobiety chodzą tu na studia?

ARMINA
Niektóre z nich idą.

GOLSHAN
Interesujące. Nie wiedziałam.

ARMINA
Oczywiście matka Mehrie była jedną z pierwszych członkiń założycieli Bright Women Association. Większość jego rodziny jest wykształcona. Jego ojciec uczył francuskiego w Instytucie Politechnicznym. Mehrie zajmował się również działalnością teatralną w tym stowarzyszeniu kobiet.

GOLSHAN
Widzę, skąd ją znasz?

ARMINA
Czasami chodziłem tam z mamą. Poszła do ciotki, odkąd zmarli jej rodzice, ja też mniej się z nią spotykałem. Jej ojcowska rodzina była jedną ze znanych rodzin Qajar [2]po tym, jak poszła na uniwersytet i studiowała. Przychodzi tu raz w tygodniu i pijemy kawę, odkąd otworzyliśmy tę kawiarnię i pracujemy nad językiem francuskim.

GOLSHAN
Czy ona też zna francuski?

ARMINA
Mówiłem ci, że jego ojciec był nauczycielem francuskiego.

Seroj wraca z tacą na kawę. Słyszymy trochę pukania do drzwi.

Ona musi tam być.

Seroj kładzie tacę na stole i wychodzi. Głos małego dzwoneczka na drzwiach. Seroj i Mehrie Eghbal wchodzą. Mehrie Eghbal nosi dwuczęściowy apartament w różowym kapeluszu z różową damą. Armine i Golshan wstawać.

SEROJ
Tu panna Mehrie.

ARMINA
Witaj, Mehrie! Wszystko w porządku?

MEHRIE
Cześć, nie przyszedłem późno? Na pewno nie spóźniłem się...

ARMINA
Nie, nie...

Armine i Mehrie całują się w oba policzki.

MEHRIE
Od rana byłem nieszczęśliwy, martwiłem się, żeby nie być na czas z powodu moich prac.

ARMINA
Drogi Mehrie, to jest Hassan Golshan.

MEHRIE
To jest Mehrie, Mehrie Eghbal.

GOLSHAN
Miło cię widzieć.

SEROJ
Mehrie masz moją kawę, naleję sobie. [*Idzie do kuchni*]

Trzech z nich siedzi. Cisza. Oni piją kawę.

---

[2] NAZWA IRAŃSKIEJ DYNASTII CESARSKIEJ

MEHRIE
Kawy Armine'a są doskonałe.

ARMINA
Właściwie to jest zrobione przez Seroj.

MEHRIE
Naprawdę? [*Smiles*]

ARMINA
Czytałeś scenariusz Mehrie?

MEHRIE
Ona węszy podczas picia kawy. Potem kładzie na pół wypitą kawę na stole i wyjmuje dwa egzemplarze zabawy mewy i kładzie ją na stole] Napisałem sobie kopię.

Daje jednego z nich Armine'owi.

GOLSHAN
Wpisałeś to tak szybko?

MEHRIE
Jestem maszynistką, sir.

GOLSHAN
Jaki jest twój pomysł na zabawę?

MEHRIE
Miałem dziwne uczucie, które nie było takie, jak te, które do tej pory studiowałem, ale nadal nie poznałem tego uczucia... Nie wiem...

GOLSHAN
Jakby uderzyć w twoje uczucia i stopniowo będzie burzyć w twoim sercu?

MEHRIE
A... yeah... yeah... dokładnie.

GOLSHAN
To dobry znak.

Seroj wchodzi z filiżanką kawy.

SEROJ
Jak się masz, Mehrie?

MEHRIE
Dzięki. Nic mi nie jest. Jak idzie kawiarnia?

SEROJ
Widzisz, zamknęliśmy mu drzwi i jesteśmy przygotowani na próbę generalną.

MEHRIE
Gdzie są inni aktorzy?

SEROJ
Powoli kończymy grupę.

GOLSHAN
Zacznijmy, jeśli się zgodzisz?

SEROJ
Zrób to.

GOLSHAN
Panna Eghbal otworzyła stronę szesnastą i przeczytała ją dla nas.

MEHRIE
Jasne. Mam przeczytać monolog Niny?

GOLSHAN
Tak, od początku.

MEHRIE
Ludzkość i małpy - strusie i kuropatwy, mrówki, płcie, pająki - niezgłębione ryby, które mieszkają w głębinach i wszystkie stworzenia zbyt małe, by je zobaczyć - każda żywa istota i samo życie - minęły tysiące wieków odkąd ziemia zrodziła jakąkolwiek żywą istotę i ten biedny księżyc oświetla wszystko na nic. Nie ma już żurawi, które budzą się i płaczą na łąkach, nie ma już pluskiewek, które słychać w wapiennych żabach. Nie ma już nic oprócz zimna - zimna pustka, zimna pustka - pustka i więcej pustki - straszne to jest - straszne to jest...

Podczas gdy Mehrie czyta, Golshan patrzy na Armine'a i węszy jego rękę potwierdzając Mehrie. Cisza.
Ciemność

SCENA 12

Tydzień po dziewiątej scenie. Sklep Shapoor, księgarnia z drugiej ręki na placu Enghelab. Shapoor, pan Taj i Amin Parsa są w sklepie. Shapoor siedzi za stołem, Amin jest przed nim, a pan Taj jest trochę dalej, siedzi przed Amą na stołku. Założył białą walizkę i zaczesał swoje tłuste [3]włosy na bok. Ma też cienkie wąsy. Obok jego stopy jest duży czarny worek. Dwie metalowe, długie szafy pełne starych książek i czasopism układających się bez ładu obok siebie. Cisza.

SHAPOOR
Więc, panie Taj?

PANIE TAJ.
Więc?

[3] Oleiste

SHAPOOR
Więc co?

SHAPOOR
Więc powiedz to.

PANIE TAJ.
Rozmawiałaś z nim?

SHAPOOR
Tak, tak... chciałby pan herbaty panie Taj? *A co z* panem? Herbata czy Nescafe?

AMIN
To nie ma znaczenia... herbata...

Shapoor wyjmuje starą kolbę pod stołem. Nalewa dwie filiżanki herbaty dla pana Taja i Amina i spuszcza je. Shapoor robi sobie wielką szklankę Nescafe. Pauza. Pan Taj wypił herbatę, położył na stole szklankę z herbatą i pasujący do niej spodek.

SHAPOOR
Więc? [*Pije swoją herbatę*]

Pauza. Pan Taj kładzie czarny worek na stole.

PANIE TAJ.
Właściwie to innego dnia przyjechał z Kanady lekarz, który chciał całe to opakowanie. Zaoferował za nie dziesięć milionów. Nie wiem, czy był chirurgiem, czy lekarzem, więc nie pamiętam... ale nie dałem mu. Teraz jej córka tak bardzo się upiera.

SHAPOOR
Nasz pan Parsa to dobry i pracowity chłopak, pracuje nad osobą, która należy do przeszłości. Powiedział pan kiedy?

AMIN
Od około 1904 do 1905 roku.

PANIE TAJ.
Tak, tak, jest w tym wiele rzeczy o tych latach. Szczerze mówiąc, kupiłem to wszystko od Friday Bazaar. To był rok 1997.

SHAPOOR
Chce do swojej tezy, ty też zamierzasz wydać jego książkę?

AMIN
Zobaczymy, co się stanie...

Pauza.

SHAPOOR
Panie Taj, jeśli pozwoli mi pan... [Otwiera nić *wokół worka, wkłada do niego rękę i wyjmuje stosy papierów, ulotki i notes*]

PANIE TAJ.
Nie wiem, co powiedzieć tej córce doktora?

SHAPOOR
Proszę nie dokuczać nam ze względu na pana Taja. Parsa, spójrz uważnie, będę czekał dziesięć nocy w razie potrzeby.

PANIE TAJ.
Oczywiście trochę mi się spieszy.

Amin entuzjastycznie sprawdza gazety.

SHAPOOR
Zmieniłeś swój dom?

PANIE TAJ.
Poszliśmy do dużego domu wokół Jomhoori Street, obok posterunku policji.

SHAPOOR
Żartujesz?

PANIE TAJ.
Nie musiałem, jeśli zrobią na mnie nalot i ukradną te wszystkie dokumenty, co stanie się z kulturą i historią tego kraju? Kto na to odpowie?

SHAPOOR
Sprzedałeś to?

PANIE TAJ.
Sprzedając co?

SHAPOOR
Rzeczy, które powiedziałeś, co to było...? Rozkaz zdeponowania Mohammada Ali Shaha.[4]

PANIE TAJ.
To jest bezcenne.

SHAPOOR
Chcę ci coś powiedzieć, wokół tego rozkazu, pod tym znakiem jest napisane imię. Mirza Taher Tonekaboni. Między nami, znalazłem jego wnuka. Jego dom jest przed Cinema Sahra.

---

[4] **Mohammad Ali Shah Qajar** (21 czerwca 1872 - 5 kwietnia 1925, Sanremo, Włochy) był Szahem Persji (dzisiejszy Iran) od 8 stycznia 1907 do 16 lipca 1909.
Był przeciwny konstytucji, która została ratyfikowana za panowania jego ojca, Mozzafara-al-Din Shahaha. W 1907 roku Mohammad Ali rozwiązał parlament i ogłosił, że konstytucja została zniesiona, ponieważ była sprzeczna z prawem islamskim. [1] Zbombardował Majlesa (perski parlament) przy wojskowym i politycznym wsparciu Rosji i Wielkiej Brytanii. [2] W lipcu 1909 roku siły prokonstytucyjne przemaszerowały z prowincji Persji do Teheranu pod przywództwem Sardara As'ad, Sepehdara A'zam, Sattara Chana, Baghera Chana i Jeprema Chana, obalając Szacha i przywracając konstytucję. W dniu 16 lipca 1909 roku parlament zagłosował za umieszczeniem na tronie 11-letniego syna Mohammada Ali Shaha, Ahmada Shaha. Mohammad Ali Shah abdykował po nowej rewolucji konstytucyjnej i od tego czasu jest pamiętany jako symbol dyktatury.

PANIE TAJ.
Poważnie?

SHAPOOR
Ma cztery ręcznie pisane zeszyty Mirzy. Mirza była tak wpływowa. Walczył z Rezą Shah, Shah wygnał go najpierw, a potem wysłał do więzienia. Znasz jego historię?

PANIE TAJ.
Słyszałem coś...

SHAPOOR
Teraz nalegam, aby te cztery zeszyty jakoś się ze sobą pogodziły.

PANIE TAJ.
On jest chciwy? Umów się na spotkanie, żeby mu wystarczyło.

Amin zaskoczył i wyciągnął notatnik z papierów.

AMIN
Tam jest pan Sh*apoor*. Ręcznie napisany przez tę osobę.

SHAPOOR
Cóż... Mówiłem ci, że ten pan Taj jest wyjątkowy.

AMIN
Tak, tak.

SHAPOOR
Chcesz tylko tego, czy dobrze patrolujesz teren? Nie mogę już zabrać tu pana Taja?

AMIN
Tak, tak, chcę go w tej chwili.

SHAPOOR
Więc ile?

PANIE TAJ.
Uuuuuuum, milion!

AMIN
[*Z zaskoczeniem dla Shapoor*] milion?

SHAPOOR
Żartuje pan, panie Taj?

PANIE TAJ.
Uwierz mi, że to jest koszt!

SHAPOOR
Zaakceptuj to tym razem dla mnie.

PANIE TAJ.
Rozważasz swoje myśli, córka tego lekarza chce mieć worek.

SHAPOOR
Przeszkadzasz nam. Milion jest wysoki. Ile, drogi Shapoor?

PANIE TAJ.
Dziewięćset pewnie.

AMIN
To jest dla mnie drogie.

SHAPOOR
Panie Taj, obudził się pan dzisiaj ze złej strony łóżka, ten Parsa to student, współpracuj z nim.

PANIE TAJ.
Tym mniej nie jest dla mnie opłacalne.

SHAPPOR
Proszę przyjąć siedemset.

AMIN
Panie Shapoor, nie mogę wziąć na siebie więcej niż sześćset Tomanów.

Pan Taj zamierza zebrać papiery i włożyć je do worka, który Shapoor złapie za rękę.

Wymyślę to, nie jest właściwe ignorowanie mojego zapytania. Pan Parsa trochę więcej niż półtora tysiąca akceptuje, że nie jest aż tak skąpy.

AMIN
...

PANIE TAJ.
Do diabła z tym! Za naszą przyjaźń.

AMIN
[*Wyjmuje czek i wypisuje cenę. Potem wręcza go Shapoor*] widzisz, prawda?

SHAPOOR
Ok. [*Daje go panu Tajowi*] Ty też go widzisz.

PANIE TAJ.
Ok. Więc panie Shapoor?

SHAPOOR
Więc co?

PANIE TAJ.
Tak po prostu.

SHAPOOR
Tak, tak...

Ciemność

SCENA 13

Dom Amin Parsa. Dwa dni później dwunasta scena. Deszczowa noc. Nieporządny i mały pokój. Biurko, krzesło za biurkiem. Po prawej jest jednoosobowa sypialnia, a po lewej dwuosobowe kanapki. Para butów obok łóżka. Obok kanapki mały stół, przy którym znajduje się puste pudełko ciasteczek i dwie na wpół pijane herbaty oraz szklanki Nescafe. Amin położył się na łóżku z laptopem na nogach i pracuje. W pokoju jest ciemno, widać tylko pojedyncze światło laptopa. Amin pisze na maszynie, że laptop kupił. Otrzymuje wiadomość. Odbiera telefon z opóźnieniem i czyta go, po czym kładzie laptopa i laptopa na biurku i czyści pokój. Wyciąga koszulkę z szuflady łóżka, odkłada koszulkę i wbija ją pod łóżko. Dotyka swoich włosów. Stoi niezdecydowany w pokoju. Potem idzie do biurka i zaczyna od nowa wykonywać swoje zadanie. Negar wchodzi po kilku sekundach. Ma w rękach dwa pudełka pizzy i duży napój. Została zmoczona przez deszcz.

NEGAR
Był pan pustelnikiem, panie Parsa? Powiedział mi, żebym po drodze kupił świeczkę! [Zapala *światło. Zapala się światło*]

AMIN
Witam... Witam, jak się pan tu dostał?

NEGAR
Twój klucz był na drzwiach, panie Absentminded.

AMIN
Merci merci.

NEGAR
[*kładzie dwa pudełka pizzy i drinka na łóżku, potem odkłada swoje mackintosh i zawiesza je na krawędzi łóżka*] Deszcz mnie zmył.

AMIN
Co się stało z twoim samochodem?

NEGAR
Nie mogłem znaleźć dla niego miejsca parkingowego tutaj, więc zaparkowałem na drugiej ulicy.

AMIN
Czy nadal pada?

NEGAR
Co? Nie słyszysz tego? Ile dni nie wyszedłeś na zewnątrz? [Porusza *butem ze stopą*]

AMIN
Wydaje mi się, że dwie noce temu, kiedy wróciłem do domu...

NEGAR
To znaczy, że klucz jest na drzwiach od dwóch nocy?

AMIN
Tak, zapomniano o mnie. [*Znowu zaczyna działać*]

NEGAR
Dzięki Bogu, że nie zapomniałeś zjeść wszystkich ciasteczek. [Pauza, *ona podnosi rzeczy na stole*]

AMIN
Powiedziałeś coś?

NEGAR
Nie ma mowy, żebyś kontynuował swoją pracę. [*Wychodzi, wraca po chwili z tacą i dwoma kieliszkami, na tacy jest też pomarańcza*] Szczęście kupić te pizze, inaczej nic bym tu nie jadła.

AMIN
Przyniosłam lunch z domu mojej mamy.

NEGAR
Chodzi ci o to cuchnące jedzenie w lodówce? Wyrzuciłem je na śmieci.

AMIN
Był też owoc...

NEGAR
Oczywiście we wszystkich zbutwiałych owocach uratowała się tylko ta pomarańcza.

AMIN
Więc mamy też deser.

NEGAR
Yeh! Chodźcie! Chodźcie, pizza będzie zimna. [Wziął *dwa pudełka pizzy z łóżka i położył je na małym stole.] Potem kładzie mały stół przed kanapką, sortuje rzeczy na nim i wlewa drinka do szklanki. Otwiera pudełko i zbiera jego kawałek. Zjada trochę, a resztę kładzie na pudełku. Pauza. podnosi szklankę napoju, smakuje, ona wstaje i nagle idzie w stronę Amina, stoi prosto na głowie, patrzy na swój czyn*] Co robisz?

AMIN
Nic nie piszę.

NEGAR
Co ty piszesz, co jest tak ważne?

AMIN
To odnosi się do mojej tezy.

NEGAR
Zabiłeś mnie tą tezą, kiedy to się skończy? Więc znalazłeś nową rzecz? [*Widzi notatnik i odbiera go*]

AMIN
Codzienne notatki tego człowieka.

NEGAR
Ten człowiek... jak się nazywał?

AMIN
Golshan.

NEGAR
Jak pan to znalazł?

AMIN
Przez handlarza książek z drugiej ręki z Enghelab, tego samego Shapoor'a, którego poszliśmy do niego po twoją propozycję.

NEGAR
Masz na myśli tego szarlatana, który dał pięćdziesiąt tysięcy Tomanów za artykuł, a artykuł nie był dla mnie wcale użyteczny?

AMIN
Niezupełnie sam Shapoor. Przyprowadzał faceta, którego znalazłam wśród jego towaru.

NEGAR
Ile?

AMIN
Co masz na myśli?

NEGAR
Ten. [*Rattles the notebook*]

AMIN
Tak bardzo się z nim targowałem, Shapoor też bardzo z nim rozmawiał. Pokazał worek i powiedział dziesięć milionów.

NEGAR
Dziesięć milionów?

AMIN
Tak, ale przeszukałem dwie godziny, żeby to znaleźć. Nie mogłem uwierzyć, że znalazłem coś takiego. To był naprawdę cud. Widzisz, do jakich miejsc można by dostać z gołym imieniem.

NEGAR
Ile?

AMIN
Na początku mówił tak wysoko. Ja i Shapoor nie zgadzaliśmy się...

NEGAR
W końcu?

AMIN
Shapoor skończył z sześćset pięćdziesięcioma.

NEGAR
Masz na myśli, że Farokh dał ci sześćset pięćdziesiąt tysięcy Toman?

AMIN
Nie, nie...

NEGAR
Co masz na myśli? Chcesz powiedzieć...

AMIN
Cóż, wy...

NEGAR
No co?

AMIN
Cóż, to znaczy...

Gapcie się na siebie.

NEGAR
Masz na myśli, że zapłaciłeś sześćset pięćdziesiąt tysięcy Toman z naszego wspólnego konta? Więc co Farokh robi w tej grze?

AMIN
Chciałem ci powiedzieć, ale...

NEGAR
Ale nie zrobiłeś tego. To dwa dni, które pan zajmował w domu, ani nie odbiera telefonu, ani nie opowiada wiadomości... [Rzuca *notatnik na biurko*] Więc tak to jest? Mogę zrobić to samo? A ty nie dostaniesz nagrody?

AMIN
Gdybym tego nie zrobił tamtej nocy, wpakowałbym się w kłopoty.

NEGAR
Możesz mi powiedzieć.

AMIN
Shapoor zadzwonił do mnie i powiedział, żeby być tam do godziny. Więc co mogłem zrobić?

NEGAR
Możesz do mnie zadzwonić tym razem i skonsultować się ze mną.

AMIN
Konsultacje? Negar, to notatki Hassana Golshana. Wiesz, jak ważne jest to dla mojej pracy?

NEGAR
Jego znaczenie nic dla mnie nie znaczy. Czyżby?

AMIN
Co masz na myśli?

NEGAR
Oznacza to, że są to pieniądze, które ja i ty zgromadziliśmy z tysiącami nieszczęść, aby być w Kanadzie w przyszłym roku!

AMIN
Znalezienie tego notesu to szansa. Zapłacę za niego dziesięć milionów, jeśli będzie trzeba.

NEGAR
Możesz tylko z własnego konta, z własnej funkcji. Zapłać to na własne konto.

AMIN
Handlujesz nieuczciwie. Nigdy nie dotykałem tego konta bez konsultacji z tobą.

NEGAR
A jednak jest to oczywiste! [*Z lękiem wbija sobie mackintosh, podnosi torbę i wychodzi*]

Amin jest rozczarowany i błąkał się po pokoju
Ciemność

SCENA 14

Czterdzieści dni po jedenastej scenie. Amfiteatr ormiańskiej szkoły irańskiego Piroza. Ostatnie próby "Mewa". Golshan i Mehrie ćwiczą. Mają na sobie końcowe stroje sztuki. Seroj, Armine, Hakhbandian i kilku innych aktorów siedzi na krześle przed nimi. Każdy z nich znajduje się w pozycji, pozycji, która zazwyczaj odnosi się do aktorów, których tury gry jeszcze nie otrzymały.

GOLSHAN
Nina! - Nina... to naprawdę ty. Miałem przeczucie... moje serce bolało cały dzień...

MEHRIE
[*W roli Niny, ruchy Mehrie'go są trochę wysokie*]

GOLSHAN
Nie, nikt...

MEHRIE
Zamknij drzwi na wypadek, gdyby ktoś...

GOLSHAN
Nikt nie wejdzie.

MEHRIE
Wiem, że Arkadina jest tutaj...

GOLSHAN
[Wychodzi *z roli*] Chwileczkę, zobacz Mehrie twoje ruchy rąk jest tak wiele, [*Mimic's her*] Mówiłem ci, że tysiące czasu używać rąk, gdzie trzeba. Kontynuować?

MEHRIE
Od początku?

GOLSHAN
Nie, nie, to poprzednie. Nie bójcie się, nikt nie wejdzie.

MEHRIE
Niech na ciebie spojrzę. Czy ja się zmieniłem?

GOLSHAN
Tak. Rozrzedziłeś się... twoje oczy są większe. Dlaczego nie pozwoliłaś mi przyjść i zobaczyć się z tobą? Wiem, że jesteś tu już prawie tydzień.

MEHRIE
Byłam... Byłam... Byłam...

Golshan wskazuje ręcznie Armine'owi, aby powiedział Mehriemu o dialogach.

ARMINA
Zawsze bałem się, że mnie znienawidzisz...

MEHRIE
Yeah yeah yeah...

HAKHBANDIAN
Mehrie, nie ma już dziewczyny do zabawy, która opowiadałaby ci o dialogach. Hahahahaha...

GOLSHAN
Cisza, proszę...

HAKHBANDIAN
Dobra, wszyscy.

MEHRIE
Zawsze bałem się, że mnie znienawidzisz. Śni mi się, że każdej nocy patrzysz na mnie i nie znasz mnie. Gdybyś tylko ty wiedział! Odkąd wróciłam, spędziłam całe godziny chodząc tutaj - nad jeziorem.

GOLSHAN
Słuchaj, Nina ma wątpliwości, powinieneś mieć to wahanie w oczach iść dalej...

MEHRIE
Często podchodziłam do domu bez odwagi, by wejść.

ARMINA
Zrozumiałaś coś?

SEROJ
Rozumiecie co?

ARMINA
Uważajcie na tych dwóch.

MEHRIE
...Usiądźmy i porozmawiajmy. Tu jest miło, tak przytulnie i ciepło. Słuchajcie wiatru. Pamiętasz Turgieniewa? - "Szczęśliwy człowiek, który w taką noc jak ta ma ciepły kącik pod własnym dachem..." Ja jestem mewą. Nie, nie o to mi chodzi.

GOLSHAN
Mehra kładzie nacisk na mewy.

MEHRIE
Okej, okej. Jestem mewa... Nie, nie o to mi chodzi. O czym ja mówiłem? Tak... Turgieniew... [*Ona płacze*]

GOLSHAN
Nina - znowu płaczesz... Nina.

MEHRIE
W porządku, czuję się lepiej płacząc. Nie płakałam od wieków. Potem, wczoraj, kiedy było ciemno, przyszedłem spojrzeć do ogrodu, żeby zobaczyć, czy nasz teatr... i pomyśleć, że stoi tam cały ten czas. Zaczęłam płakać po raz pierwszy od dwóch lat. - Spójrz, przestałam. Więc zostałeś pisarzem. Ty jesteś pisarką, a ja aktorką. Oboje zakołysałyśmy się na karuzeli. Życie było kiedyś takie beztroskie, byłam jak dziecko, budziłam się śpiewając. Kochałam cię i oprawiona w ramy bycia sławną... i spójrz na mnie teraz, jutro z samego rana wyjeżdżam do Yeletz, podróżując trzecią klasą z chłopami. A w Yeletz będę bronił lokalnych biznesmenów, którzy lubią chłopaków z kultury. To nie jest wspaniałe życie.

ARMINA
Nie masz jeszcze tego, *Seroj*?

SEROJ
Mehrie dobrze się zachowuje.

ARMINA
Tylko Mehrie? A co z Hassanem? Spójrz na oczy Hassana.

Hakhbandian kładzie rękę na nosie, żeby pokazać ciszę.

MEHRIE
I spójrz na mnie teraz, jutro z samego rana wyjeżdżam do Yeletz, podróżując trzecią klasą z chłopami. A w Yeletz będę bronić lokalnych biznesmenów, którzy lubią chłopców z kultury. To nie jest wspaniałe życie.

GOLSHAN
Dlaczego Yeletz?

MEHRIE
Jestem zarezerwowana na sezon zimowy, muszę być tam jutro.

GOLSHAN
Oh Nina... Przeklinałam cię, nienawidziłam, podrywałam twoje listy i zdjęcia - ale wiedziałam cały czas, że jestem twoim sercem i duszą i na zawsze. Nie mogę przestać cię kochać, cokolwiek zrobię. Odkąd cię straciłam, moje życie było nie do zniesienia - czułam się tak nieszczęśliwa, jakby moja młodość została nagle odebrana. Mówię twoje imię - całuję ziemię, po której chodziłeś - widzę twoją twarz, gdziekolwiek się udaję, tę słodką twarz, która uśmiechnęła się do mnie, kiedy życie już nigdy nie będzie tak dobre.

ARMINA
Myślę, że to jedna z najlepszych scen sztuki.

SEROJ
Zgadzam się z tobą całkowicie.

MEHRIE
Dlaczego mówisz w ten sposób? Dlaczego w ten sposób?

GOLSHAN
[*W roli Konstantina*] Jestem sama, nie mam ochoty się ogrzać, czuję się zimna jak w lochu - a wszystko co piszę jest bez życia - stęchłe i ponure - zostań tu ze mną, Nina, proszę, proszę, zostań - albo pozwól mi odejść z tobą!

Wszyscy nieświadomie klaszczą. Atmosferę wypełnia nagle muzyka. Utwór o nazwie "tandetna muzyka wstępna" Jona Briona. Gdy muzyka gra, przychodzi światło całej sceny, a aktorzy i kierownicy sceny wypełniają teatr. Scenografowie układają projekt. Aktorzy zastanawiają się nad makijażem[5] i ubraniami. W międzyczasie pojawia się Hakhbandian i staje przed nami.

HAKHBANDIAN
Ma laskę w ręku. Pobił ją trzy razy na ziemi. Powinien kazać nam zwrócić na siebie uwagę.] Panie i panowie , komitet teatralny wiktoriańskiej szkoły irańskiej przedstawia nam sztukę, sztukę mewy, kompozycję napisaną przez Antona Chekova pod nadzorem Hassana Golshana. Hej, chłopcze, wyjmij tę kieszeń. Nie ruszaj się tak. Panie i panowie, serdecznie witamy na trzecim wieczorze tej sztuki.

Światło sceny zanika. Wszystko jest gotowe do gry. Po kilku sekundach zapala się drugie światło i zaczyna się sztuka. Letni domek Sorina w Moskwie, ostatni z XIX wieku. Masza i Medviedenko siedzą na ławce.

AKTOR
Dlaczego zawsze nosisz czarny?

AKTORKA
Jestem w żałobie po swoim życiu. Jestem nieszczęśliwy.

---

[5] maquillage

AKTOR
Dlaczego ty jesteś? Nie widzę powodu. Masz zdrowie i twój ojciec może i nie jest bogaty, ale nie jest tu za krótko. Spójrz na mnie z moimi 23 rublami miesięcznie - nie chodzę w żałobie. I to zanim zdejmą emeryturę.

AKTORKA
Pieniądze to nie wszystko. Biedak może być szczęśliwy.

AKTOR
Szczęśliwy biedak? Tak... tak w teorii, ale w praktyce to co masz to ja i moja matka, dwie siostry i młodszy brat, i moja pensja dwadzieścia trzy ruble miesięcznie. To nie jest tak, że nie musimy jeść i pić, prawda? - nie potrzebujemy herbaty i cukru - tytoniu... to jest wszędzie, gdzie się zwrócisz.

AKTORKA
W każdym razie, już prawie czas na przedstawienie.

Nagle scena zapala się i dziesięciu opalonych strażników wydziału policji w niebieskim mundurze atakuje scenę z gwaru i zgiełku. Niszczą scenę i łapią aktorów. Światło gaśnie, ale słyszymy krzyczącego strażnika.
Koniec Aktu Pierwszego.

Akt drugi

Iran Novin[6]

SCENA 1

Godzinę później, po ukończeniu trzynastej sceny aktu pierwszego. Dom Farokha. Słyszymy deszcz w ciemności. Telefon dzwoni przez jakiś czas. Brak odpowiedzi. Idzie na automatyczną sekretarkę. Głos Farokha "proszę zostawić swój masaż po sygnale dźwiękowym. Dziękuję. Fereidun Farokh."

AMIN
Witam... Witam... Cześć profesorze, to jest Amin. Wiem, że jest późno, ale jest coś, co powinnaś zobaczyć... Cześć... Jeśli jesteś w domu, jestem przed twoim domem...

Farokh odbiera telefon.

FAROKH
Halo... Amin? Gdzie jesteś? ... Ok... wejdź...

Jak światło porusza się na Amin jest suszenie włosów z ręcznikiem. Farokh pije gorącą filiżankę Nescafe. Przed sceną znajduje się krzesło, na którym wiszą mokre ubrania Amina. Torba Amina jest na kanapie.

AMIN
Przepraszam, że przerywam ci w tej chwili.

FAROKH
Niech się ogrzeje.

AMIN
Dzięki wielkie, wpadłem w kłopoty.

Farokh bierze ręcznik od Amina.

Przepraszam, profesorze...

Farokh kładzie ręcznik na krześle. Oboje siedzą.

---

[6] Novin w języku farsi znaczy Nowy, Nowoczesny.

FAROKH
Bałam się.

AMIN
To się pojawiło.

FAROKH
Tyle?

AMIN
Znalazłem to dzisiaj. Ręcznie napisane Golshanem.

FAROKH
Brawo... dobrze zrobione...

AMIN
Mówiłem ci, że mam przyjaciela na placu Enghelab, który ma księgarnię z drugiej ręki, znalazł dla mnie... znalazł faceta, który ma dokumenty teatralne i....

FAROKH
Możesz powiedzieć to wszystko jutro.

AMIN
Tak, ale chciałem im powiedzieć, że dopóki nie będą bardzo gorące...

Słyszymy jęki matki Farokha. Farokh wychodzi ze światła bez słowa. Wraca po kilku sekundach.

FAROKH
Myślę, że to jej ostatnie godziny... nie można jej już karmić nawet z nosa. Tylko szorstki jęk z głębi jej gardła. Ona tylko się na mnie gapi.

AMIN
Przepraszam, że ci tak przerwałem.

FAROKH
[*Jakby nie słyszał*] Kiedy byłem chłopcem, budziłem się w takie noce przy każdym grzmocie i piorunach. Rzuciłem się do jej łóżka, a ona przytuliła mnie bezpiecznie i płakałem. Przytuliła mnie tak mocno, że przestałem płakać... Żałuję, że nie pojechałem do Francji... [*Cisza, siada*]

AMIN
Przepraszam, że przerwałem ci w złym momencie. [*Stoi i chce podnieść swoją torbę, że Farokh złapał go za rękę*]

FAROKH
Gdzie?

AMIN
I...

FAROKH
Co jest z tobą nie tak? Nie przyszedłeś tu po ten notes. Przyszedłeś?

AMIN
...

FAROKH
Powiedzieć to?

AMIN
Dotyczy to również tego.

AMIN
Pokłóciłem się z Negarem.

FAROKH
Za to? [*Punkty do notatnika*]

AMIN
Nie to, ale za pieniądze, które zapłaciłem.

FAROKH
Ile zapłaciłeś?

AMIN
Sześćset tysięcy pięćdziesiąt.

FAROKH
Kupiłeś go z konta Negar?

AMIN
Nie z naszego wspólnego konta. Nasze oszczędności na wyjazd do Kanady.

FAROKH
Bez jej zgody?

AMIN
Tak, nie powiedziałem jej.

FAROKH
To nie było w porządku.

AMIN
Wiem.

FAROKH
Dlaczego nie rozmawiałeś ze mną na początku?

AMIN
W chwili, gdy go zobaczyłem, nie mogłem znieść, musiałem go kupić. Byłem pewien, że ty...

FAROKH
Nie powinieneś dotykać jej konta.

AMIN
Co masz na myśli, profesorze? Te pieniądze też są moje.

FAROKH
Racja, ale nie jesteś sam. Myślę, że powinieneś pójść do niej i przeprosić ją i przysiąc, że zwrócisz pieniądze.

AMIN
Negar nie może zrozumieć, czym jest ten notes i jakie ma znaczenie...

FAROKH
Jego znaczenie jest większe niż twojego związku?

AMIN
...

FAROKH
Myślę, że mogę ci pomóc w jego powrocie.

AMIN
Pieniądze nie stanowią problemu. W końcu je zbiorę. Negar... Negar...

FAROKH
Negar co? Masz z nią jakiś problem?

AMIN
Zachowywała się już tak, że nie mogę jej poznać. Ona była obojętna na wszystko. Była niespokojna, wybredna i sprawiała kłopoty z każdą małą rzeczą.

AMIN
Nie byliśmy tacy dla siebie. Zawsze pracowałem, ale ona mnie tak nie zachowywała.

FAROKH
Chcesz powiedzieć, że wszystko się zmieniło?

AMIN
Pracuje do późna. Nie mamy czasu nawet na chodzenie i bycie ze sobą. Jak osoba, która jest gdzieś tymczasowa. Jakby była gościem. Ciągle zadaje pytanie.

FAROKH
Jakie pytanie?

AMIN
Kiedy skończysz swoją pracę dyplomową?

FAROKH
Jaki związek ma z nią twoja praca dyplomowa?

AMIN
Kiedy zobaczyłem jej obojętność na zeszyt, przypomniałem sobie ten dzień, w którym zmieniła swoją tezę z "Comparative Outlook" Sadegh Hedayat i Gérarda de Nervala na "Role rodziny w pracach Balzaca".

FAROKH
Przeciwnie, zrobił pan symbolikę dzieł Ibsena do Życia i dzieł Hassana Golshana.

AMIN
Dobrze się spisał, też dostał dobrą ocenę i niedługo będzie gotowy.

FAROKH
W sam raz, który zmienił temat Hassana Golshana z Hélène Cixous, pracowałem dobrze i dostałem dobrą ocenę, a także dobrą aplikację.

AMIN
Ponieważ prawnik imigracyjny powiedział, że jeśli dodasz do swoich dokumentów przyjęcie na uniwersytet, to ułatwi ci to sprawę, wybrała najłatwiejszy temat. Zignorowała wszystkie swoje badania nad de Nervalem i zajęła się tymi powtarzającymi się starymi sprawami i wkrótce je zebrała...

FAROKH
Wykończenie wkrótce oznacza nudę, niepokój, skok na najkrótszą przeszkodę, ucieczkę... ucieczkę od siebie... oznacza dzień, w którym Hassan Golshan stał się Hélène Cixous... [Chrząka się *ze sobą, zapala swoją fajkę i czasem ją szturcha*] Spójrz Amin Iran - wojna w Iraku niedawno się skończyła, ja też byłem na studiach, a teatr w Iranie nie miał dla nas w tych dniach żadnego horyzontu. Byliśmy ostatnimi ludźmi, którzy błagali o linię ideologii tożsamości. Od tej książki do tej książki, Sarter, Camu, Kirkegard, potem... niż film Hamoon Mehrjui, wszyscy szukaliśmy w sobie jednego Hamida Hamoona. Wszyscy próbowaliśmy. Wpadłem na polną drogę. Opuściłem tę matkę, Francja stała się moją wiarą i religią. Zastanawiałem się, kiedy postawiłem nogę na lotnisku Sharldogol, ludzie siedzą tam w kawiarni, piją kawę i dyskutują o ostatnich wysiękach takich i takich filozoficznych tematów. Ale kiedy tam dotarłem, zobaczyłem tylko to, co mi pozostało z tego zdjęcia to zgaszony papieros w popielniczce i stare puste krzesło, które jest napisane do góry nogami, że pewnego dnia siedział na nim Camu. Dadzą ci kartkę papieru po dwunastu latach i powiedzą panu Fereidunowi Farokhowi, że masz zaszczyt zdobyć doktrynę pierwszej klasy. Jutro tego dnia pójdziesz do przyjaciela i zapytasz go czy ma film Hamoon Mehrjui czy nie? [Wzdycha *głęboko, szturcha swoją fajkę*] Nie wiem, z jaką wyobraźnią tam idziesz? Który obraz w twojej głowie będzie złamany, nie wiem...

Światło stopniowo zanika. Ta sama noc. Dworzec autobusowy. Pada deszcz. Amin siedzi na dworcu i patrzy z przodu. Wstaje i idzie. Znowu wpatruje się w przód. Siada, wyjmuje notes Golshana. Zaczyna go czytać. Słyszymy głos Hassana Golshana.

GOLSHAN
Piątego grudnia. Pójdę do więzienia z powodu mewy. Mijające życie. Dwa lata absurdu. Strach, niekończący się strach. Strachu, który zastępuje nawyk. Jak wszystko. Normalne życie. Naturalni ludzie. Więzienie Ghasr, jego chłód był tak niski niż Moskwy. Wmawiam sobie, że gdyby Iran miał Cyberię, co by się stało? Patrząc na ciebie w lustrze. Jakże cienka się stałam. Nigdy nie chciałem patrzeć w lustro w więzieniu. Nauczyłem się tego od moich kolegów z więzienia, tamtych pierwszych dni. Gdybym wziął Ahanchi'ego na poważnie groził i zostawił pracę... moja ¶wiadomo¶ć jest teraz dręczona, dlaczego wpędziłem Seroja, Armine'a, Mehrie i innych w kłopoty. Można by pomyśleć, że Seroj nigdy mnie nie znał, był fajny jak ogórek. Mówi się, że jeden tydzień to nic w porównaniu z dwoma i pół rokiem. Ale nie wiedziałam, że pan Hakhbandian będzie w takich kłopotach. Tak mi wstyd, że go widzę... nawet za

przeprosiny. Ale cieszę się, że los Mehrie nie był taki jak Natali. Co to za teatr dla mnie? Abstrakcyjna koncepcja czy wspaniały budynek? W którą stronę mamy iść, nie wiem! Wspaniały budynek, do którego codziennie idziesz wyżej i idziesz wyżej. Idziesz wyżej, żeby nie widzieć pod stopami. Masz zawroty głowy i zawalasz się... wstajesz ze swojego miejsca i myślisz sobie, że powinieneś iść dalej.

Dzwoni komórka Amina. Patrzy na niego. Telefon dzwoni, żeby się rozłączył. Wkłada notatnik do torby i zaczyna chodzić pod deszczem.
Ciemność

SCENA 2

2 kwietnia 1940 roku. Dom Ahanchiego. Wszystko zmieniło się w porównaniu do sceny 2 aktu pierwszego. Dwie kanapy męskie po lewej i dwie jednoosobowe wokół nich. Dookoła sofy jednoosobowej są dwa małe stoliki. Na małym stoliku, w rogu domu, znajduje się HaftSin. Mehrie i Talat siedzą na dwuosobowej sofie. Golshan i Ahanchi siedzą na jednoosobowych kanapach. Po prawej stronie sceny, w ciemności, znajduje się czteroosobowy stół w jadalni. Hussain stoi obok swojej mamy i czyta wiersz. Talat jest w ciąży. Na końcu sceny wiszą dwa zdjęcia. Zdjęcia Khan Baby i Nayere Golshan

HUSSAIN
Jeśli jesteśmy samolubni i nierozważni/ tak, oh! Niestety! Umieramy! /Czy będziemy dobrzy, czy źli, /w każdym razie, czy to mężczyzna, czy kobieta, umrzemy, jeśli uczynimy nas wolnymi, /w którym to momencie przez historię /będziemy mieli służbę bożą/ bez ciała, ale z historyczną duszą/ dziecko wstrzyknie nam całe życie/ człowiek pójdzie swoją drogą/ tam jest i będzie miał swoją przyszłość/ przyszłość pójdzie z nim, dalej i dalej/[7]

Mehrie i Talat klaszczą. Golshan mówi: "Brawo wujku!"

TALAT
Hussain, matko, idź i zobacz, czy twój młodszy brat się nie obudzi, jeśli tak będzie się bał.

Hussain szybko wychodzi ze sceny.

AHANCHI
[*Skrzyżował nogi i obiera jabłko, chichocze*] Nie wiadomo, co one wypełniają umysły tych dzieci w szkołach. Zamiast krótkich, łatwych opowiadań, uczą się ich wielkich słów.

TALAT
Wow ... Masaż, taki ładny wiersz, jaki był jego problem?

AHANCHI
Powiedz, jaki to miał problem. Siedmioletnie dziecko powinno mówić proporcjonalnie do

---
[7] Wiersz Mahmooda Kiyanusa

swojego wieku, a nie jak siedemdziesięcioletni mężczyzna.

MEHRIE
Drogi Masodzie, ja też znam ten wiersz. Mój ojciec mnie tego nauczył.

TALAT
Bóg go błogosławi. Ja też znam ten wiersz. Moja mama mnie go nauczyła.

AHANCHI
Panno Mehrie, nie chcieliśmy być niegrzeczni. Niech Bóg błogosławi matkę.

MEHRIE
Nie miałem fortuny, żeby ją zobaczyć z bliska. Armine tak bardzo chwalił matkę. Powiedziała, że kocha ją jak własną matkę. Powiedziała, że jej pazury są złote. Wiedziałem o tym, kiedy założyłem sukno dla panny młodej. Tę tkaninę, którą droga matka dała Armine'owi i Serojowi jako prezent w ich małżeństwie.

TALAT
Założyłeś tę ściereczkę? Na pamiątkę, że wykonałem jego filigranową pracę.

MEHRIE
Właściwie to byli tacy mili, błyszczeli pod światłem.

TALAT
Jak bardzo podobała mi się noc twojego małżeństwa...

Ahanchi oferuje danie z jabłkami dla Mehrie.

AHANCHI
Tutaj jest pani Mehrie, to pani słodycze małżeńskie...

TALAT
Wow Masood... co ty mówisz? Masood żartuje. Twoja słodycz jest dla mnie bezpieczna. [*Idzie do stołu w jadalni.] [Odbiera zakryte opakowanie i wraca, daje to Mehrie*] Oto twój prezent ode mnie i Masooda.

MEHRIE
Wielkie dzięki, drogi Talacie. Nie chcieliśmy ci przeszkadzać.

AHANCHI
To jest nasz prezent. Gratulacje. Talat jest już późno. Jestem głodny.

MEHRIE
Powiedziałem, że nie zgadzam się z tą sytuacją.

TALAT
Jestem do tego przyzwyczajony. Ugotowałem fesenjana[8] dla brata HASSAN.

MEHRIE patrzy na GOLSHAN'a.

[8] Znane irańskie danie. Wykonane z kurczaka lub dzikiej kaczki, gotowane w sosie z mielonych orzechów włoskich i pasty z granatów, podawane z gotowanym na parze ryżem.

MEHRIE
To nie jest dobre w ten sposób, pozwól, że ci pomogę.

AHANCHI
Okej.

TALAT
Dobrze, kochany Mehrie, chodź.

Mehrie wstaje i wychodzi z Talatu. Wielka cisza. Ahanchi obiera kolejne jabłko. Golshan wstaje i idzie w stronę obrazu matki i ojca.

AHANCHI
Nie była jak kobieta na zdjęciu. Była taka złamana. Rozproszona. Ona już nie paliła. Tak wiele dla niej wydałem. Od tej apteki do tej apteki. Nie odpowiedziała. Ale od początku wiedziałem, że jest bezużyteczna, to było tylko dla Talata. Cierpiała będąc służebnicą Bożą. Ból... w końcu nikt nie zorientował się, jaka jest jego choroba. Tak. To było tak.

Od środka rozmowy z Ahanchi, Golshan stopniowo zbliża się do niego. Gdy Ahanchi kończy mówić, Golshan stoi prosto na jego głowie. Patrzą na siebie. Pozostają nieruchomo, światło powoli rozpuszcza się. Światło na końcu sceny na Talacie i Mehrie.

TALAT
Byliśmy zadowoleni, że Hassan wyjeżdża stąd w każdej chwili, ale Masood powiedział nam, że jest komunistą. Hassan przybył ze Związku Radzieckiego, jest niebezpieczny. Może sprawiać nam kłopoty. Pamiętasz, jak było wtedy?

MEHRIE
W końcu zrozumiałeś, że Hassan nie był komunistą. Był w więzieniu dwa lata bezinteresownie. W końcu zmuszono go do odzyskania prestiżu.

TALAT
Dzięki Bogu, że jest przywiązany do pracy.

MEHRIE
Tak, ktoś przyszedł po niego ze szkoły aktorskiej, żeby uczyć. On nie chciał iść. Nalegałem na wiele, by zaakceptować ten temat.

TALAT
Dobrze ci poszło. Nieźle jest być przytłoczonym w jakimś miejscu.

MEHRIE
Nie wiem, może...

Ich światło gaśnie. Nadchodzi światło Golshana i Ahanchi.

GOLSHAN
Sukinsyn plażowy!

AHANCHI
Przestań jeść jabłko. Wstaje z gniewu ze swojego miejsca. Zapina pięść, podnosi rękę. Gapi się na siebie i nawet nie mruga. Talat wchodzi z daniem z gulaszu, a Mehrie wchodzi z daniem z ryżu. Golshan i Ahanchi przychodzą do siebie nagle i udają, że wszystko jest naturalne. Światło idzie na stół w jadalni.

TALAT
Masood, kochany Hassan, chodź, albo jedzenie będzie zimne.

Wszyscy idą do stołu jadalnego i jedzą w ciszy.
Ciemność

SCENA 3

Czerwiec 1940 roku. Office of Iran Novin Acting School Manager. Manuchehr Farahmand, dyrektor szkoły siedzi za biurkiem i uczy się. Biurko jest takie luksusowe. Jego krzesło jest większe niż normalność. Krzesło jest jak arystokratyczne i nie nadaje się do miejsc administracyjnych. Jest napisane z tyłu Farahmanda: "Acting School of Iran Novin" Javanshir siedzi za małym biurkiem i pisze zaproszenia i wkłada je do kieszeni. Saadat stoi obok niego i pisze coś. Cisza. Javanshir i Saadat patrzą na siebie z dala od Farahmanda. Saadat wskazuje na swój zegarek. Javanshir też wzrusza się, bo nie zna czasu. Cisza.

SAADAT
Przepraszam, kiedy dostosujemy ten program śpiewania dziewcząt chóru Razi School High School?

Farahmand nie odpowiada. Saadat znów zaczyna działać. Cisza.

JAVANSHIR
Czy powinniśmy zaprosić chórzystę nauczycieli uczelni technicznych?

Farahmand nie odpowiada. Javanshir i Saadat patrzą na siebie. Cisza.

FARAHMAND
[Wznosząc *głowę z książki i patrząc w przeciwnym kierunku.*] Pres Vile[9]...

Javanshir i Saadat znów na siebie patrzą. Cisza.

FARAHMAND
Pres Ville...

SAADAT
Co, sir?

---

[9] Najlepszy komediowy gracz Francji w ostatnim z 18 wieku . Nawias do Oscara , trzeci tom, strona 203

JAVANSHIR
Co powiedziałeś, szefie?

FARAHMAND
Taki był komikiem.

Javanshir i Saadat oboje uśmiechają się i mówią tak, sir, zatwierdzając rozmowę Farahmanda. Cisza. Dźwięk w drzwiach. Farahmand patrzy na swój zegarek.

JAVANSHIR
Wejdźcie.

Golshan wchodzi. Ma w ręku torbę.

GOLSHAN
Cześć.

FARAHMAND
W końcu uczęszcza pan do pana Golshana?

SAADAT
Drogi Golshanie, znów panna czuje się gorzej?

GOLSHAN
Chciałem dokończyć poprawianie tych końcowych prac egzaminacyjnych.

FARAHMAND
Spóźnia się pan jak zawsze, panie Golshan.

JAVANSHIR
Panie Golshan, to dziesięć dni, kiedy inni nauczyciele wystawili swoje oceny.

SAADAT
Na pewno dał cztery i pięć uczniom.

GOLSHAN
Inni nauczyciele nie musieli czytać 50 sztuk. [*Wyjmuje teczkę z torby i kładzie ją na biurku Javanshir*]

Javanshir i Saadat patrzą na gazety.
Krótki uśmiech.

FARAHMAND
Aha... Nie pamiętam. Ile sztuk zabawy wybrałeś z tej kolekcji?

Golshan chce coś powiedzieć, ale Farahmand nie pozwala.

Ta kolekcja sztuk jest wynikiem jednorocznego wysiłku mojego i uczniów tej klasy pisania sztuk. Pisanie i redagowanie, pisanie i redagowanie, jak długo zajęło nam to czas.

Patrzy na Javanshira i Saadata i chce być potwierdzony. Znowu mówią tak, sir.

Dobrze?

GOLSHAN
Przeczytałem to. Szczerze mówiąc, to była tylko sztuka, którą napisała dziewczyna i...

FARAHMAND
Tak, to była tylko słaba gra tej kolekcji.

GOLSHAN
W przeciwieństwie do mnie jest to jedyna sztuka, która jest użyteczna.

FARAHMAND
Masz na myśli pozostałych, czyli zilch!

GOLSHAN
Nie, nie o to mi chodziło panie Farahmand! Powiedział mi pan, żebym wybrał sztukę, którą można odczytać w miejscu i przedstawić.

FARAHMAND
Pozostałe są nieczytelne, panie?

GOLSHAN
Właściwie to nie...

FARAHMAND
Zawsze tylko ty rozumiesz. Inni nic nie wiedzą. Wycofaj się z tej rasy. Z taką próżniaczką. Kiedy patrzysz na mnie, jest jon pogardy w twoim spojrzeniu, rozumiem to z twoich oczu. Uśmiechasz się do nas w swoim sercu.

GOLSHAN
Myślę, że to tylko twoje zachcianki.

FARAHMAND
Nie, to jest kwestia, z którą wszyscy się zgadzają.

JAVANSHIR
Niestety, tak, to prawda.

FARAHMAND
Zachowujesz się kokieteryjnie w każdym zadaniu, które ci proponuję. Zakładając co najwyżej siebie. Tolerujemy cię panie!

SAADAT
Przepraszam szefie, kiedy zaaranżujemy tę sztukę, która jest o moralnej opowieści o sprzedawcy randek, w której pan Golshan będzie występował przez uczniów swojej klasy?

FARAHMAND
Poprosić tego pana, żeby odpowiedział?

GOLSHAN
Sztuka, która nie jest ćwiczona, też nie może być wykonana.

Cisza.

FARAHMAND
Przepraszam, co pan powiedział?

GOLSHAN
Sztuka, która nie była ćwiczona, nie może być grana.

FARAHMAND
Jakbyś wziął wszystko za żart, panie! Tydzień później jest impreza kończąca szkołę aktorską, od władz wyższego szczebla do prawnika, ministra i nauczyciela i tak dalej, to mówisz, że nic nie zrobiłeś? Podobno chce pan zakłócić moją reputację. Jesteś nauczycielem? Zmarnowałeś czas pięćdziesięciu niewinnych uczniów przez kilka miesięcy.

GOLSHAN
Mówiłem ci, że pierwszego dnia, nie trzeba grać w tego typu przedstawieniach. Ja sam gram.

FARAHMAND
Tu jest właściciel. Nikt nie może zrobić czegoś takiego sam bez pozwolenia. Ja i inni nauczyciele napisaliśmy sztukę tak dużo, że od lat nie trzeba mieć nowych.

GOLSHAN
Tak, ty i twoi szanowani nauczyciele wstrzykujesz tym dzieciom bzdury sprzed stu lat, przez które nie możesz znaleźć nawet jednej dobrej zabawy! Jak długo chcesz grać w tę moralną opowieść o tym starym sprzedawcy palmtopów?

FARAHMAND
Stawiasz znak zapytania przed wszystkimi moimi badaniami nad francuskim teatrem przez te wszystkie lata. A ty nie? Przy okazji, kim pan jest? Komunistycznym kawałkiem człowieka! Kim do cholery jest ten człowiek, którego zawsze nazywasz w klasie? ES_ TANIS_LAFS_KI! CH_CKOV! Wszystko, czego uczę o aktorstwie, idź i ujawnij moje braki. [*Nagle dostaje ataku serca i zapada się półprzytomny na krzesło*]

Javanshir i Saadat jadą do Farahmanda w pośpiechu i próbują go uspokoić. Javanshir bierze szklankę wody, posypuje mu twarz wodą.

Wyjdź z rezonansu! WYJDŹCIE! SPADAJCIE!

Ciemność

SCENA 4

Czterdzieści jeden dni po scenie 1. Pokój w Theater College. Czworokątna teczka szufladowa w środku. Farokh położył swoją torbę w połowie otwartą na teczce. Otworzył jedną z szuflad na akta i powoli wypycha papiery. Ma na sobie czarny garnitur i koszulę. Nie ogolił się. Cała jego funkcja jest spokojna. Baharianin wchodzi po kilku sekundach.

BAHARIAN
Lepiej było powiedzieć, żeby zabić krowę, owcę czy coś, panie doktorze.

FAROKH
Witam.

BAHARIAN
To prawda, że nie mogliśmy uczestniczyć w ceremonii twojej matki, ale nie jest to powód, żebyśmy byli nieświadomi czterdziestu dni. Wreszcie, ten college ma dyscyplinę, regulację. W której części świata tak jest?

FAROKH
Nie czułem się dobrze.

BAHARIAN
Ja też nie jestem dobry. Nikt nie jest teraz dobry, ale nie powinniśmy odwracać naszej pracy. Oczywiście wiem, że prowadzisz zajęcia w swoim domu.

FAROKH
Ja tego nie zrobiłem. Kilku studentów miało jakiś problem w pracy dyplomowej, ja im pomagałem. Niektórzy z nich przyszli tylko po to, by złożyć kondolencje.

BAHARIAN
Ale to nie było złe spojrzeć na twoje częściowo ukończone zajęcia, aby zobaczyć, jak się one przebiegają? Przynajmniej jesteś odpowiedzialny przed tą uczelnią.

FAROKH
Jesteś również odpowiedzialny za swoich nauczycieli? Tutaj, kiedy zginął jeden z dalekich członków rodziny, zakładałeś czarne sukno, wysyłałeś kwiaty na jego ceremonię pogrzebową i wzywałeś go tysiące razy. Ale dla mojej matki...

BAHARIAN
Jakie to ciekawe! Mimo, że nie ma cię prawie w każdej chwili, to dobrze odbierasz wiadomości. Będąc tu zajęci prowadzeniem seminariów, nie mieliśmy szans.

FAROKH
Tak, zawsze byłeś zaangażowany w seminarium.

BAHARIAN
Bo chcemy wziąć na siebie odpowiedzialność za naszą pracę.

FAROKH
Racja, jesteście odpowiedzialni, jesteście profesorami, jesteście tutaj wszechstronnymi ludźmi, to wy tu rządzicie od dwudziestu lat, to wy macie doktrynę, ja nie mam ani BA ani MA i nie spędziłem żadnego czasu na studiach, nic nie pracowałem, nic nie zrobiłem i lepiej powiedzieć, że nic nie mogłem zrobić...

BAHARIAN
Nie wydłubuj krokodylich oczu. Wezwanie szefa college'u musiało być do tej pory w twojej skrzynce. Wysłaliśmy twój reportaż. Teraz ty powinieneś być odpowiedzialny.

FAROKH
Jeśli seriale telewizyjne i filmy, w których grasz, pozwalają ci na to, spójrz na swoje własne pudełko.

BAHARIAN
Jakbyś nie rozumiał swojego Statusa! Nadal kpisz sobie ze wszystkiego?

FAROKH
[*Wkłada ostatnie papiery do* swojej *torby i zamyka akta, zamyka drzwi, podnosi klucz i przekazuje go Baharianom, poważnym tonem*] DOBRZE.

Farokh wychodzi.
Ciemność

SCENA 5

Kilka dni po scenie 3. Arax café. Jest już noc, a kawiarnia jest zatłoczona. Cztery z pięciu stołów kawiarnianych są pełne. Mężczyzna i kobieta w jednym ze stołów. Czterech mężczyzn w drugim stoliku. Dwóch mężczyzn i kobieta w innym stoliku i dwóch mężczyzn w ostatnim. Armine im służy. Radio jest wyłączone. Głośnik: "...a także dzisiaj walki KHARKOF-a i SEBASSTOIL-a były kontynuowane ostrożnie. Zgodnie z ostatnim ogłoszeniem sztabu Armii Czerwonej w ostatniej północy, siły zbrojne tego kraju odparły atak i zniszczyły sto osiem niemieckich czołgów." Pauza. "Brytyjskie samoloty zbombardowały niemieckie lokalizacje na południu Francji. Z powodu londyńskiego radia zginęło wiele niemieckich sił nazistowskich." Muzyka gra z radia. Nadawca radiowy czyta zawiadomienie: "Drodzy słuchacze, "Krytyczny dowcip MISS Hasrat's Daughter" napisany płynnie przez profesora Manuchehr'a Farahmand'a dzielącego się z panami Habib'em Javanshir'em, Fatholla Saadat'em, MISS Mahin'em i Shirin Malakuti'm zagramy dzisiaj wieczorem od 20:00 do 30:00..." Znowu gra muzyka. Głos dzwonka do drzwi. Seroj wchodzi, gdy ma przy sobie dużą kreskówkę. Idzie do baru. Wkłada na niego kreskówkę i opuszcza radio.

ARMINA
Cześć. W końcu to kupiłeś?

SEROJ
Tak, nareszcie. Tak bardzo mnie tam poinformował. To było bliskie kłótni, mówiłem mu, że mam klienta, on odpowiada, czy jest jakiś klient kawiarni w takim stanie?

ARMINA
Powinieneś powiedzieć mu, stary, że jedyną rzeczą, która sprawia, że ludzie są zadowoleni w tym stanie jest ta filiżanka kawy.

SEROJ
Jestem zmęczony. Wszystkie te gówniane rosyjskie laski są ciężkie, jak bóg wie... [*Wyjmuje papierosy z kieszeni i wkłada je do baru*] dając mu po siedmioma tomanami.

ARMINA
Każde pudełko kosztowało siedem kobiet...

SEROJ
Nie da się jej znaleźć; stworzyła ona czarny rynek. Jego pudełko jest stu czterdziestu toman.

ARMINA
Znalazłeś chleb?

SEROJ
Chleb? Gdyby nie było tu policjantów, ludzie sami by się zjedli. To była taka linia. Jeden z nich, który przekroczył tę granicę, stracił chleb w mgnieniu oka, którego nie rozumiał. W końcu zobaczył, że chleb pozostał dla niego taki sam jak jego pięść. Obawiając się, że wcisnął go w usta.

Jeden z klientów dzwoni do Seroj

CUSTOMER
Przepraszam, sir. Zamówiłem Madame ciasto, ale nie przyniosła go...

Seroj chce powiedzieć coś, w czym nagle klienci uśmiechają się w kawiarni. Klient wstydzi się odłożyć głowę.

INNY KLIENT
Pan Seroj, co on mówi? Ludzie nie mają chleba do jedzenia, mówi ciasto!

SEROJ
[*Do pierwszego klienta*] a... przepraszam, że nam się skończyło.

ARMINE odbiera kreskówkę i idzie do kuchni. Głos dzwonka do drzwi. Golshun i Mehrie wchodzą. Mehrie ma w ręku małe pudełko. Idzie do baru.

SEROJ
Cóż, zgubiłeś trasę, jak się masz, Hassan? A co u ciebie Mehrie?

GOLSHAN
Nic mi nie jest. Dzięki. Jak się masz? Gdzie jest Armine?

SEROJ
Ona tu jest. Armine?

Armine wraca.

ARMINA
Cześć. Wszystko w porządku, Hassan? Jak się masz, Mehrie?

Armine i Mehrie całują się w oba policzki. Mehrie daje jej pudełko.

Wielkie dzięki.

MEHRIE
Twoje powitanie. Był znajomym mojej ciotki. Mówiłem ci, że znajdę go nawet z kamienia pod

spodem.

GOLSHAN
miejsce do siedzenia?

SEROJ
zawsze jest miejsce dla ciebie. To miejsce jest od frontu.

GOLSHAN
Idziemy.

SEROJ
gdzie ciało, nie widzisz, że jesteśmy zajęci.

ARMINA
Idź i usiądź Seroj twój zmęczony, ja też.

SEROJ
Jesteś taki samotny.

MEHRIE
Ja jestem...

GOLSHAN
Puszczaj, odświeżysz się trochę.

Golshan i Seroj idą do stołu.

SEROJ
tym, który powinien odpocząć, jest pan, który zabrał szefa nowego Iranu na granicę wylewu.[10]

GOLSHAN
Skąd pan wiedział?

SEROJ
Saadat i Javanshir byli tutaj. Powiedzieli, że nie zarządzałeś właściwie szkołą. Saadat powiedział Farahmandowi, że jest spragniony twojej krwi. Powiedział, że zabiję Golshana, jeśli go zobaczę.

GOLSHAN
on jest szaleńcem. To sześciomiesięczna wojna psychologiczna. Ci dwaj ludzie, Saadat i Javanshir, nie wstydzą się i stali się jego pochlebcą.

SEROJ
Hassan, nie jest źle powstrzymać się od akcji.

GOLSHAN
Dokonywanie ustępstw ma ograniczenie[11], kiedy wykonują narrację starego człowieka-sprzedawca palm, czego oczekujesz?

---

[10] Apopleksja w medycynie
[11] Do pewnego poziomu

Stół, za którym siedziało dwóch mężczyzn i jedna kobieta, pustoszeje.

SEROJ
Lepiej zrób coś z tym.

GOLSHAN
Ja to zrobiłem. [wyjmuje kawałek gazety z kieszeni]

SEROJ
Co to jest?

GOLSHAN
Przeczytaj to.

SEROJ
Dobrze? Kawałek ziemi będący śmietniskiem[12], teraz gmina wezwała go do przetargu; musiałeś zdecydować się na umieszczenie w nim Farahmanda i twoich przyjaciół. Prawda?

GOLSHAN
Jeśli tysiąc metrów ziemi stanie się dobrze wyposażonym salonem teatralnym, który może uczyć teatru, właściwego teatru, prawdziwego teatru, to MR doktor Farahmand i jego partnerzy powinni iść i sprzedawać kurkumę na bazarze.[13]

SEROJ
nie dokuczaj mu zbytnio. On jest wpływowym człowiekiem. Ponieważ został asystentem ministra finansów, minister nie działa bez jego zgody. Ma stosunki z dworem królewskim, jego ojciec jest pełnomocnikiem ministra we Francji. We Francji był w połowie swojego wieku. Javanshir powiedział, że ma zamiar zostać asystentem ministra kultury w ciągu dwóch lub trzech miesięcy.

Stół, za którym siedzi czterech mężczyzn, pustoszeje.

GOLSHAN
nie jest ważne, kim on jest i co robi. Czas takich ludzi się skończył. Chciałbym, żebyś pewnego dnia poszedł do jego klasy i zobaczył, jak uczniowie potajemnie się do niego uśmiechają[14]. Wierzysz, że nie mogłam nauczyć tam człowieka ani słowa? Moja praca polegała na usunięciu dziecięcego umysłu z ciasnych bójek do głowy. Ostatnia książka, którą przeczytał ten facet, pochodzi z teatru siedemnastowiecznej Francji. On też nie zna jej dobrze.

SEROJ
Spodziewałeś się czegoś innego?

GOLSHAN
Nie. Ale chcę, żeby ten śmietnik stał się teatrem.

---

[12] Brytyjczycy: kupa śmieci
[13] Ironia oznacza, że powinni oni odwołać swoje działania
[14] potajemnie

SEROJ
Chodzi ci o tę ziemię? Żartujesz? Wiesz, ile to jest?

GOLSHAN
nie chcemy go kupić. Sugerujemy własność dla gminy. Budujemy teatr w miejsce ich ziemi.

SEROJ
Nic ci nie jest, Hassan? Znalazłeś, skarbie?

GOLSHAN
Rozmawiałem z Shokatolmolukiem.

SEROJ
ciociu Mehrie?

GOLSHAN
porozmawia z niektórymi książętami, jeśli zgodzą się wydać pieniądze na ten teatr, to pójdziemy do burmistrza...

SEROJ
ci książęta wydają swoje pieniądze na robienie teatru?

GOLSHAN
Ja też tak myślałem, robimy kino obok teatru. Za dwa lub trzy lata ich własność nie tylko powróci, ale i będzie miała korzyści.

SEROJ
Mam nadzieję, że ich usatysfakcjonujesz.

Stolik, za którym siedziało dwóch mężczyzn, pustoszeje.

GOLSHAN
nie wtrącać się w te sprawy. Po prostu zaproponuj plan!

SEROJ
Co? Ja? Jakbyś miał dzisiaj naprawdę jakiś problem. Dobry papa, nie rysowałem szkicu od dziesięciu lat.

GOLSHAN
Cóż, narysował pan pana architekta.

SEROJ
Jestem obecnie kawowym człowiekiem.

GOLSHAN
Ale od teraz będziesz tym inżynierem Seroj Avakianem.

Tymczasem Armine i Mehrie idą do swojego stolika. Armine ma w ręku mały tort w kształcie trapezu z kilkoma świeczkami nad nim. Mehrie przychodzi z tacą na kawę i stoi za Seroj z ARMINE.

ARMINA I MEHRIE
Wszystkiego najlepszego z okazji urodzin!

SEROJ
Czy dzisiaj są moje urodziny?

GOLSHAN
tak Panie Architekt, dzisiaj są pańskie urodziny.

ARMINA
Panie Architekt?

GOLSHAN
tak, on też naszkicuje ładny plan dla naszego teatru.

MEHRIE
Seroj, dlaczego nie zdmuchniesz tych świec, które topią?

Mehrie i Armine siedzą.

SEROJ
wow świece... liczę... zdmuchnę...

Armine, Mehrie i Golshan mówią: jeden dwa trzy. Seroj zdmuchuje świece. Klaszczą i gratulują mu urodzin.

SEROJ
Dzięki, dzięki. Dobrze mnie zaskoczyłeś. A teraz pozwól mi...

Wstaje. Odbiera świece z tortu. Pokroił ciasto przednim nożem. Wrzuca kawałek tortu na talerz. Następnie pochyla dwie świece do ściętej ściany. Na tych dwóch kładzie świeczkę. Pochyla dwie świece na każdej stronie. Trzyma dwie świece jak pęknięty dach nad tortem. [Podnosi tacę i podnosi ją w kierunku Golshan] no to jest salon teatralny. Daj to temu człowiekowi, który chce ciasto.

Ciemność

SCENA 6[15]

Tydzień po scenie 5. Dom ciotki Shokatolmoluk. Jadalnia. Na środku sceny znajduje się duży ośmioosobowy stół w pionie. Są na nim dwie duże miotły świecowe. Luksusowe światło jest zawieszone na suficie. Ciotka Shokatolmoluk siedzi w górnej części stołu, Yosef khan Atamalek jest po lewej, a Jafarkhan Moazodolle po prawej. Stary sługa pod imieniem Mis Azize polewa je zupą ze specjalnej rozrywki na wózku. Gdy zapala się

[15] UWAGA: ton postaci i forma pragmatycznego języka werbalnego tej sceny jest nieco archaiczna i formalna w języku perskim.

światło, co trzecia osoba śmieje się.

AUNT
Mam nadzieję, że rządowy szpital będzie dobrym rozwiązaniem.

MOAZODOLLE
Oczywiście, jeśli nie będzie znowu sprawiał kłopotów.

ATAMALEK
Zastanawiam się, jak artyleria tego Mansurkhan Nazemodolle ma, że jego proch nigdy nie zamoknie.

MOAZODOLLE
konsumpcyjny dobry proch strzelniczy Ekscelencji Nazemodolle jest obcy.

ATAMALEK
Wielkie nieba! Podobno nasz proch ma wilgoć.

MOAZODOLLE
Nie ma mowy, Ekscelencjo Atamalku, że jesteś tlącym się ogniem.[16]

ATAMALEK
przesadzasz, Ekscelencjo Moazodolle, jesteśmy twoim juniorem.

AUNT
Panowie, najwyraźniej macie ten nieuleczalny ból, który jest jego lekarstwem na zachodzie. Kiedy raz tam pojedziecie i wybierzecie się na zwiedzanie, nie zobaczycie już rządowego szpitala, choć jesteście na tyle starzy, by nie jechać. To, co stało się darem podróży ESFAHAN, stało się MR. Atamalek?

ATAMALEK
Przedstawiłem to MADAME Azize. To był pakiet GAZ[17] jako suweren z Isfahanu.

AUNT
do czego doprowadziła historia tego wynajętego budynku?

Madame Azize wychodzi.

ATAMALEK
Wyrzuciłam tego człowieka i znowu zabrałam ogród. Ma klienta rządowego. Zamierzają zbudować tam fabrykę.

MOAZODOLLE
Ekscelencja Atamalek uważaj, żeby cię nie oszukać. W dzisiejszych czasach kieszenie rządowe są puste.

ATAMALEK
Przypadkowo kilka nocy temu położyliśmy stoisko[18] z kebabem i paliliśmy z gubernatorem

---

[16] Jesteś pod prochami.
[17] Słodycz wyprodukowana z manny (np. w Isfahanie, z zestalonego soku ekstrahowanego z drzewa tamaryszku).
[18] akcesoria

Isfahanu o północy, był tam młody i niedoświadczony człowiek, a ja wyciągnąłem z niego jaja. Zostańcie między sobą, skarbiec rządu jest potajemnie pełen.

MOAZODOLLE
jakkolwiek udają, że są biedni.

ATAMALEK
Amerykanie wypełnili swoje kieszenie.

AUNT
gdyby te brytyjskie lisy pozwoliły, po tym jak się zgubiły, przeklęty Rezakhan Qajars znów siedziałby na monarchii.

MOAZODOLLE
na zewnątrz rząd brytyjski nie zgodził się z Rosją i Ameryką.

ATAMALEK
Czułem, że mam prawo wydać część mojej własności na zakup ziemi w Isfahanie.

AUNT
tak jak przedtem łapiesz ryby z błotnistej wody. Jeśli masz dużą, to daj nam znać.

ATAMALEK
Zawsze zgadzaliśmy się na czerwone rybki w noc EID. Gdybyśmy znaleźli wieloryba, na pewno byśmy cię zaalarmowali. Teraz, niezależnie od żartów, bycie poza tymi gubernatorami nie jest takie złe.

MOAZODOLLE
Tak, polityka ma swoje własne stanowisko, spóźniła się, PAHLEVI [19]ma władze. Widocznie nie opuszczą wkrótce monarchii. Ja też jestem ostatnim promieniem zachodzącego słońca i lepiej pomyśleć o moich pieniądzach.

AUNT
więc sprzedałeś Qajars do pieniędzy?

ATAMALEK
który był królem, uciekł, mój status jest dowolny...

Madame azize wraca z wózkiem z jedzeniem. Na wózku znajduje się duża taca na ryż i dwa pieczone kurczaki. Ona kładzie je na stole. Odbiera talerze zupy.

AUNT
Dobrze panowie, zanim się wypełnimy, powiedzmy, że podjęliście decyzję?

ATAMALEK
tak tak... więc jesteśmy we trójkę, jak o Nazedolle. On nie jest z nami. Jest?

Madame Azize deskuje im jedzenie, a gdy rozmawiają, wychodzi.

---

[19] Dotarcie do dynastii, która odniosła sukces w Qajars i została zastawiona przez rewolucję islamską.

AUNT
to lepiej, że Mansurqan lub Mansurkhan wyleczy jego pros tat . To jest nieprawdopodobne, że wydaje pieniądze. Podobno pros tat jest dobrym powodem do ucieczki od partnerstwa.

MOAZODOLLE
Tak, wydaje się, że tak... Dobrze, dlaczego ten domowy pan młody się nie pokazuje?

ATAMALEK
wygląda na to, że masz w pełni autoryzowaną agencję?

AUNT
jest dumnym młodym człowiekiem, okazuję mu tolerancję tylko ze względu na Mehrie. Mimo, że nie przeszkadza mi to, że nie widziałem go więcej niż dwa lub trzy razy, kiedy mieszkali w ogrodzie. Przychodzi zacieniony i odchodzi. Niestety porwał serce Mehrie. Takie sny, które miałem dla Mehrie. Mały człowiek myśli, że złamał róg genów studiując w Rosji. Nie wie, że nie patrzymy na tych, którzy wyjechali nawet do Europy. Książęta czekają w kolejce za drzwiami.

ATAMALEK
Drogi Shokatolmoluk , jakie masz oczekiwania?

AUNT
Myślę, że stopniowo tracisz swoją świadomość. Czy nie wiesz jeszcze po tych wszystkich latach, że Shokatolmoluk Qajar, córka księcia Moeinolmolk, jest przebiegła? W dodatku jego sugestia nie jest taka tania.

ATAMALEK
oprócz swojego chleba i masła, jaka jest gwarancja w tym cienistym małym człowieczku?

AUNT
on wykonuje wszystkie prace. Wygląda na to, że jego przyjaciel wykonuje prace związane z rysowaniem map i budową budynków. My nie działamy nawet trochę.

MOAZODOLLE
więc czy on wszystko goni?

AUNT
tak Ekscelencja Moazodolle.

ATAMALEK
pozostaje tylko podstawowy problem.

AUNT
Jaki problem?

ATAMALEK
co się stało z salonem kinowym?

AUNT
to jest na swoim miejscu. Powiedziałem mu, że z teatrem obok kina, albo teatr jest zabroniony.

ATAMALEK
więc jest ok.

MOAZODOLLE
Tak.

Madame azize wraca z daniem deserowym.

AUNT
pomóżcie sobie panowie, tu jest deser.

Ciemność

SCENA 7

dwa tygodnie po scenie pierwszej. Włoska restauracja. Przed sceną znajduje się czteroosobowy prostokątny stół. Z jednej strony jest kanapa, a z drugiej dwa krzesła. Na kanapie siedzą NAZI i SAEED. Amin i Negar są przed nimi. Są w środku ich obiadu. Saeed je polędwicę MEDALLION z sosem[20] POMODOR, nazistowski kurczak RIZOTO, Negar palik mięsny z sosem SALVATORE, Amin je PANEORBITA. Jego jedzenie jest najtańszą potrawą w tym restauracyjnym menu. Ponadto jego jedzenie jest bardzo pikantne, jest tak pikantne, że Amin nie może go zjeść i faktycznie bawi się swoim jedzeniem.

SAEED
Panno Negar, czy próbowała pani kiedyś sałatki CAPRIS?

NEGAR
Nie, nie.

SAEED
Różni się od tej sałatki BROSKTASH, którą jedliśmy. Zawiera te małe pomidory i włoską oliwkę oraz grillowanego kurczaka z warstwą sosu CIANETTI.

NAZI
Saeed, zapomniałeś o włoskiej hodowli. Pokroili ją na kawałki wokół sałatki, to byłoby takie pyszne.

SAEED
zawsze zamawiamy tę sałatkę w trakcie jedzenia. Wielkoduszny?[21]

Sługa przychodzi szybko. Ma na sobie białą koszulę, czarne spodnie i czerwoną kamizelkę z krawatem. Zapiął też czerwony fartuch wokół talii.

---

[20] polędwica zwyczajna

[21] Hojny, czczony, zwraca się do służącego w tej scenie

SERVANT
Jestem do waszych usług MR. Nazemi?

SAEED
jedną z tych wieczystych sałatek.

SEVANT
Jedna sałatka CAPRIC. Coś jeszcze?

SAEED
Lubisz ser?

AMIN
Myślę, że to wystarczy.

SAEED
Dzięki.

Idzie sługa.

Jak twoja praca? Dlaczego trwała tak długo?

NEGAR
Moje dokumenty są wypełnione. List Amina trwał. Powiem mu, żeby skończył tak szybko, nie mamy więcej czasu i okazji.

NAZI
więc ile potrzeba, by zgromadzić list?

NEGAR
to jest fakt, który też chcę wiedzieć.

NAZI
Jaki jest twój tytuł listu?

AMIN
chodzi o jeden ze starych teatrów.

NAZI
Kim on jest? Czy ja go znam? Czy jest aktorem?

AMIN
nie. on jest jednym z dyrektorów teatru. Za dwadzieścia i trzydzieści lat. Żadne ciało go nie zna.

NAZI
Wow... dlaczego nie pracujesz nad dzisiejszymi postaciami? ... Jak widzisz Negar?

NEGAR
To nie jego wina, że początkowo był to inny temat, ale jego doradca zmusił go do zrobienia czegoś, czego on sam nie mógł zrobić.

Amon chce powiedzieć coś, co sługa przyjdzie z sałatką. Kładzie sałatkę na stole.

SERVANT
Coś jeszcze panie Nazemi?

SAEED
ktoś potrzebuje czegoś innego?

Nikt tak nie mówi.

Dzięki.

Służąca idzie. Saeed rozlewa sałatkę dla Negara, nazisty i w końcu dla siebie. Wkłada resztki sałatki gdzieś koło talerza Amina. Zaczyna jeść.

Dlaczego nie działasz sam?

NAZI
Saeed, oni chcą iść ze sobą.

SAEED
Nie mówię, żeby nie iść ze sobą. Negar, kto jej dokumenty są gotowe, może iść po tym Amin dołączy do niej, wypełniając swój list.

AMIN
Przepraszam, jeśli mielibyśmy jechać jeden po drugim, nie podjęlibyśmy działań sami.

SAEED
działanie ze sobą nie ma problemu, my sami to robimy, prawda? Zawsze mówię, że w takich sytuacjach nie powinno się robić zaniedbania obowiązków. Te ambasady nie są oczekiwane. Większość ludzi zachowuje się w ten sposób. Zapytaj swojego prawnika, on ci powie, co masz robić. Jestem pewien, że do tej pory go nie zapytałeś.

NAZI
Negar jak twój biznes się poprawi, wszystko się zmieni. Kiedy wstajesz rano tak dobrze, że nawet w to nie wierzysz. Ciągle wmawiasz sobie, kto poszedł jak inni, żeby do mnie dołączyć. Kiedy zdasz sobie sprawę, że w zeszłym miesiącu będziesz mieszkał w Kanadzie w prawdziwym życiu, będziesz miał takie miłe uczucie.

SAEED
masz przepustkę, którą wszyscy cię szanują. [Pauza] jakkolwiek łatwo jest pokonać ten rodzinny i nostalgiczny temat. Macie albo telefon albo internet; co więcej, mogą też przyjechać do Turcji i Dubaju, żeby się zobaczyć.

NAZI
Powiedziałem Saeedowi od początku, że chcę studiować projektowanie mody na uniwersytecie. Negar wiesz, jak bardzo kocham śnieg. Dzięki, jak bardzo miło jest nosić parkę i chodzić po śniegu.

SAEED
zgadzasz się z deserem? [Nie czeka *na odpowiedź i wskazuje na sługę*] On szanuje człowieka!

Amin prawie nie próbuje połknąć kolejnej łyżki jedzenia w międzyczasie rozmowy tak, że ma atak kaszlu. Następnie podnosi

szklankę koki i chce ją wypić, a gwałtowny kaszel powoduje, że upuszcza szklankę. Głos rozbijającego się szkła.
mrok

SCENA 8

Jest noc. Strych[22] kawiarni ARAX. Seroj rysuje mapę na małym stoliku. Lampa do czytania jest jedynym światłem scenicznym. Przestaje pracować, zapala papierosa, mówi pod nosem: "Bądź zepsutym świątem, który widział, jak buduje się teatr obok kina?" Znowu działa. Armine wchodzi. Stoi obok stołu.

ARMINA
hi

SEROJ
Witam. Wróciłeś? Jak tam wujek Hakhband?

ARMINA
nie było go zbyt wiele.

SEROJ
znalazłeś jego leki?

ARMINA
Mieliśmy szczęście, że ciocia Mehrie zamówiła je inaczej właściciel nie będzie łatwo zadowolony. Mogę zapalić światło?

SEROJ
Tak...

ARMINA
Ten wujek Hakhband nie przetrawił jeszcze więziennego szoku.

SEROJ
Pomyliłem się od początku, sprowadzając Hassana do niego.

ARMINA
dlaczego zawsze się blakniesz? Czy przepowiadałeś przyszłość?

SEROJ
Biedny facet, któremu przeszkodziliśmy w nauce. To była cała jego przyjemność.

ARMINA
to wszystko jest robione... pijesz kawę?

---

[22] Strych

SEROJ
Nie wiem, chciałbym, żebyśmy cofnęli się w czasie, tak.

ARMINA
Czy w końcu skończyli ten szkic?

SEROJ
patrzeć na to, do jakiego rodzaju działań czynią człowieka. Hassan traci swoją mądrość. Kino obok teatru? Proszę prowadzić też restaurację.

ARMINA
Bezbronny Hassan jest niewinny. Zmuszają go do tego. Co on może powiedzieć?

SEROJ
Nie wiem, co powinien powiedzieć, ale to nie jest sposób.

ARMINA
Masz typowe nastawienie koziorożca. Nie ma problemu, narysuj mapę kina obok niej.

SEROJ
Jeśli uważasz, że to takie proste, daj ten długopis i papier i spróbuj. Co powiesz na to, żeby dać to cioci Shokatolmulok ha? Potrafi zrobić wszystkie rzeczy od A do Z. Znajduje ciasto z dołu kamienia, rozwiązuje medycynę, potrafi też sama narysować mapę, prawda?

Cisza

ARMINA
Idziesz z nią jutro czy nie?

SEROJ
Nie, nie jestem. Nie jestem w nastroju do tej gminy.

ARMINA
Szkoda, że nie poszłaś z Hassanem.

Armine wraca z tacą na kawę. Ona kładzie tacę na stole, a on siedzi za stołem. Seroj odbiera kubek z kawą.

SEROJ
nie ma różnicy między moim wyjazdem, a nie wyjazdem. Mapa to główna sprawa, którą nosi ze sobą. [*pauza*] może gdyby nie pokusa zrobienia teatru, nigdy nie narysowałbym już planu.

Armine patrzy na niego. Seroj rozumie jej spojrzenie.

ARMINA
Cieszę się, że widzę cię znowu rysującego mapy.

SEROJ
Ja też, przynajmniej mogę naszkicować fabułę na papierze, o której marzył mój ojciec.

Seroj się uśmiecha.
mrok

SCENA 9

November of 1940. Jest wieczór. Ogród ciotki shokatolmulok. Dom Mehrie i Golshan. Golshan siedział na krześle, przed nim jest jeszcze jedno krzesło. Trochę papieru i teczki na nim. On je układa. Golshan nosił schludny apartament z krawatem. Mehrie siedzi na krześle z powrotem do Golshana, a ona sama się wymyśla. Jej ruchy są powolne.

GOLSHAN
Jeszcze dwie osoby przyszły dzisiaj ze szkoły. Z tymi dwiema równa się dwadzieścia jeden.

MEHRIE
Jak miło.

GOLSHAN
wszyscy lubią być aktorami. Ten staje się zabawny z ich entuzjazmu. Co więcej, przyjechali do nas, żeby zrobić reportaż z cotygodniowej gazety informacyjnej, a my zrobiliśmy im jedną ćwiczoną scenę. Tak bardzo im się to podobało. Zrobili kilka zdjęć do opublikowania w następnym, nadchodzącym magazynie...

MEHRIE
Jak miło.

GOLSHAN
Pamiętasz tę dziewczynę, z którą rozmawiałem? Ta nieśmiała... grała dzisiaj. Ona też zachowywała się dobrze. Myślę, że do weekendu skończy się budowa sal kinowych i zbierze się więcej studentów sztuki. Nie mogę uwierzyć, że ta liczba ludzi w budynku nie jest jeszcze ukończona, przy okazji, że nie jest to nasz oryginalny budynek...

MEHRIE
Nie wykopali jeszcze fundamentu?

GOLSHAN
oh zapomniałem powiedzieć. Wykopują jego fundamenty, mur zostanie teraz zbudowany... właściwie rozmawialiśmy z jego głównym inżynierem. Z tym Amerykaninem. Powiedział, że robota trwa trzy miesiące, a my możemy zagrać tam w teatrze. Amerykański inżynier bardzo się zaprzyjaźnił z Serojem, bardzo cenił sobie projektowanie Seroja. Powiedział Serojowi, że jeśli pojedzie do Ameryki i tam będzie pracował, może odnieść wielki sukces.

MEHRIE
Jak miło.

GOLSHAN
Tutaj są teczki tych dwóch nowych studentów sztuki. Nie skończyłeś pracować?

MEHRIE
Tak, tak...

Głos jakiegoś pukania do drzwi. Mehrie wstaje ze swojej pozycji. Pani Azize wchodzi i salutuje Golshanowi.

GOLSHAN
Witam panią Azize. Z tej drogi?

MADAM AZIZE
nic, sir.

MEHRIE
Co słychać, pani Azize?

Madam Azize szepcze coś w uszach Mehrie, żegna się i wychodzi.

GOLSHAN
Czy jest jakiś problem?

MEHRIE
Powiedziała, że ciotka ma lekką niedyspozycję, puści inną noc.

GOLSHAN
Nie ma problemu. Pójdziemy innej nocy. Jak widzisz chodzenie?

Ciemność

SCENA 10

Dwa tygodnie po siódmej scenie. Dom Firooza Davachiego. Dwie jednoosobowe kanapy naprzeciwko siebie. Obok nich są dwa klosze wysokościowe. Z tyłu jest bufet. Jest tam miedziana owca[23], pistolet, znaki starożytnego Iranu i wielki turkusowy talizman zawieszony na ścianie nad bufetem. Na bufecie widzimy szmatkę termeh[24] i kilka srebrnych naczyń. Davachi i Amin siedzą naprzeciwko siebie.[25] Pod ich stopami znajduje się tradycyjny irański jajem. Davachi rozłożył koc na swojej stopie. Obok niego mały stół. Jest na nim nagrywarka Amin s.

DAVACHI
To jest Firooz Davachi... Studiowałem literaturę perską... przy okazji nie broniłem mojego listu doktora... Poszedłem na jakiś czas do szkoły aktorskiej w 1940. W tym czasie uzyskałem niedawno dyplom i bardzo lubiłem teatr... tak naprawdę chciałem studiować literaturę. Lubiłam też pisać sztuki teatralne... Przypuszczam, że to był drugi semestr tego roku, kiedy powiedziano nam, że ma przyjść nowy nauczyciel... Nie pamiętam dokładnie, czy to był styczeń, czy luty, który MR. Golshan przychodził do nas na zajęcia... był poważnym nudziarzem... Ja też byłem ogórkiem i wychodziłem z zajęć pod pretekstem pójścia do pokoju wypoczynkowego i tego typu rzeczy. Potem przez przyjście tego człowieka nikt nie robił takich rzeczy, bo on był bardzo wymagającym nauczycielem... wszyscy mieliśmy bardzo ciężki czas w klasie i albo on... ciągle mówił. Z tych początkowych sesji dowiedziałem się, która natura i rymowanka jego mówienia różni się od innych... [Pauza] było to dla niego bardzo dziwne, o czym nie wiedzieliśmy...

[23] Urządzenie używane w irańskich latrynach
[24] Jedwabny i ozdobiony stylizowanymi motywami... Ręcznie tkana tkanina z wełny kaszmirskiej i...
[25] Jajim _ wełniane waty i bawełniane osnowy

Właściwie to powinienem powiedzieć, że przyjście tego Hassana Golshana spowodowało, że niepoważni studenci, których teatr był swego rodzaju hobby lub ucieczką z domu... na przykład interesowały mnie wiersze i wiersze... to właśnie w tej klasie pomyślałem, że lepiej jest opuścić klasę, bo robi się poważnie od dołu...

AMIN
Przepraszam profesorze, jak wyglądał? Jakiego rodzaju ubrania miał na sobie?

DAVACHI
Wiesz, że pochodzi sprzed 60 lat... Golshan miał na sobie brązowy płaszcz z czarnymi spodniami. Ledwie widziałem, jak zmieniał sukienkę w ciągu tych kilku miesięcy...

AMIN
Jaka była jego cecha behawioralna?

DAVACHI
był bardzo poważny[26]i miał charakter, że stał przy płaczącej wierzbie po zajęciach, żeby zapalić dwa papierosy, robił to w każdy dzień. Potem szybko chodził i wychodził ze szkoły.

AMIN
czego cię uczył?

DAVACHI
Zajmował się aktorstwem i reżyserią, oczywiście wie pan, że dyrektor szkoły doktora Farahmanda też ich uczył. Golshan proponował ci teraz proste przedmioty. Takich jak ESTANISLAVSKI, Chekov, Miyerhold, ale on wkrótce zniknął... odszedł...

AMIN
Zniknął?

DAVACHI
Tak. Jakby nie wpadł na Farahmanda. Później usłyszeliśmy, że uczy teatru w ruinie.

AMIN
Gdzie?

DAVACHI
Nie pamiętam go, w okolicy Alaodolle Street, obecnie nazywa się Ferdosi. Jakie korzyści mają dla ciebie te rzeczy? Te stojące sprawy...

AMIN
Chcę mojej propozycji. Mówiłem ci, że...

DAVACHI
Tak, panie Parsa. Mogę go odciąć?

AMIN
Pewnie.

DAVACHI
Zastanawiam się, dlaczego wydajesz swoją energię na takie rzeczy w tym wieku. Dlaczego marnujesz swój czas?

AMIN
Bardzo interesuje mnie historia Teatru irańskiego i historia w pełni współczesna.

DAVACHI
Jakie znaczenie ma teraz to, co nosił Hassan Golshan i czego uczył? Wiesz, jak biedni jesteśmy w tym kraju, jeśli chodzi o historię... Szukam na temat tradycyjnego Iranu już prawie pięćdziesiąt lat... tak czy inaczej, jeśli powiem ci, że nie jesteśmy ani jedną minutową cząstką przeciwko wspaniałości tej historii, to nie wypowiedziałem jej w sposób przesadny. Chciałbym, żebyś poświęcił swoją energię na takie sprawy... na korzenie, na podstawie historii Iranu. Są one kluczowe. Widzi pan, co się teraz dzieje na świecie... oni tną Iran na kawałki. Obawiam się, że... nie mogę spać w nocy... a jeśli rozłożą Iran? W takim razie co powinniśmy zrobić?... Myślisz, że pięćdziesiąt lat pisania to żart? W tym pokoju [wskazuje na miejsce] jest papierowa szafa, jedna komoda badawcza... Zbadałem trzy tysiące stron o okłamywaniu Aleksandra atakiem na Iran... ale zostań między nami nie śmiem tego publikować bo obawiam się, że tak... wiesz ile w tym kraju... w tym Iranie mamy infiltrację? Ci zachodni ludzie przywiązują wszystkie rzeczy do fałszywego miejsca. Mówią, że wróciliśmy do ich pomysłów w rezonansie.

AMIN
Masz na myśli Grecję?

DAVACHI
Grecja? Dlatego mówię, żebyś się zgłosił na studia. Grecja! Przy okazji, czy wiesz, że nie ma Grecji? Taką nazwę nadali jej muzułmanie, tłumacząc dzieła niektórych wysp, które tam są. Jak pan twierdzi, ci Grecy nie wierzą, że pochodzą z Grecji. Nazywają siebie Grekami. Oto, że nie zdajemy sobie sprawy z naszych piętnastu tysięcy lat cywilizacji. Oczywiście zarozumiale, to dobrze, że pracujesz nad takim człowiekiem jak Hassan Golshan, ale jest między tym a tamtym taka różnica. Życzę sobie, żebyś wziął na siebie swoją energię i napisał uczciwą kopię tego odręcznego pisma. To kupa papieru, a ja jestem sam, nie mając już żadnego wieku...

AMIN
Przepraszam, panie Davachi, mogę odebrać tego walkmana?

DAVACHI
Czy kiedykolwiek zastanawiałeś się nad tym, dlaczego nasz status jest tak żałosny?

AMIN
co powiedzieć na Boga...

DAVACHI
Moni...

AMIN
Moni?!

DAVACHI
tak Moni... zwolennicy Moni rozproszyli się po wszystkich częściach świata, chcą go zniszczyć. Iran jest przede wszystkim. Nie uważaj tego za mój fanatyzm... Iran jest najważniejszym krajem świata... zawsze spiskują dla niego.

AMIN
Przepraszam panie Davachi, trochę mi się spieszy...

DAVACHI
Co to znaczy, że się spieszę? Więc dla kogo napisałem te wszystkie papiery?

Amin wstaje.

Gdzie idziesz? Co mam zrobić z tymi badaniami? Komu je pokażę?

AMIN
Autoryzowany! Spieszę się... do widzenia.

Podaje rękę Davachiemu.

Przyjdę do ciebie jeszcze raz.

DAVACHI
Idź, jak inni, ty też idź... idź, idź...

Ciemność

SCENA 11

Kilka tygodni później od sceny 9. Biuro nowej irańskiej szkoły aktorskiej. Farahmand jest niespokojny. Wściekły chodzi z ręką na talii. Javanshir wchodzi po chwili.

FARAHMAND
więc jaki jest wynik?

JAVANSHIR
Szefie... co deuce mam powiedzieć... [*Bełkocze*]

FARAHMAND
Powiedz to...

JAVANSHIR
musi...

FARAHMAND
Musi co?

JAVANSHIR
musimy znaleźć inne rozwiązanie.

FARAHMAND
to jest większe niż twoje usta! Ile osób dzisiaj nie przyszło?

JAVANSHIR
w klasie były zupełnie cztery osoby... profesor z nikim nie rozmawiał, a on wyszedł.

FARAHMAND
popełnił błąd... powiedział, że ilu nie przyszło?

JAVANSHIR
pięciu ludzi, sir...

FARAHMAND
Zadzwoń do burmistrza...

Javanshir idzie do telefonu. Saadat wchodzi.

Ile?

Javanshir patrzy na nich z telefonem w ręku.

SAADAT
sześć osób.

FARAHAMAND
Sześć osób nie przyszło?

SAADAT
Żadna osoba nie przyszła, sir.

FARAHMAND
Przestań się uśmiechać. Mówiłem ci, żebyś zadzwonił do burmistrza, prawda?

JAVANSHIR
tak tak szefie... witam... witam MRS... Ekscelencja MR. Farahamand chciał rozmawiać z panem burmistrzem... racja... Czekam... [*Pauza, do Farahmanda, daje mu telefon*] Tu pan jest, sir! ...

FARAHMAND
Cześć? Jak długo mam ci mówić, żebyś się tam zamknął człowieku?... gdzie?.... to śmietnisko, które zrujnowało... ktoś tu dzisiaj nie przyszedł, stąd po tym jak powinienem się tam zamknąć... znowu mówisz swoje oświadczenie... nie będę tam nogi... nie... nie... co masz na myśli, nie mogę nic zrobić? ...do cholery... zawstydzić cię! Ty śliniący się idioto...

Saadat i Javanshir patrzą na niego.

Odważysz się na mnie? Nie masz zajęć? Idź na swoje zajęcia...

Saadat i Javanshir wychodzą. Farahmand jest sam na scenie. Trzy razy uderza pięścią w drugą stronę. Za czwartym razem się zatrzymuje. Światło gaśnie, gdy światło się porusza, jesteśmy w salonie ciotki Shokatolmoluk. Jest tam monarchiczna kanapa trzyosobowa i jednoosobowa. Farahmand pochylając rękę do pasa idzie na środku pokoju. Chwile mijają tak. Potem wchodzi ciotka Shokatolmoluk. Lęk Farahmanda znika całkowicie widząc ją.

FARAHMAND
Witam.

AUNT
Witam. Siadaj.

FARAHMAND
Nie, jestem zrelaksowany.

AUNT
[*w dominujący sposób*] usiądź.

Farahmand siedzi na jednoosobowej sofie.

Zgubiłeś drogę? Nie sądziłem, że pewnego dnia droga Francji doprowadzi do ogrodu księcia Moeinalmolk.

FARAHMAND
Francja jest wciąż anegdotą z poprzednich lat...

AUNT
Jeszcze o niczym nie zapomniałem. Wciąż jestem tą dwudziestoletnią dziewczynką. Ale ty jesteś stara. Pokazujesz wiek. Oddychasz odgłosem tarcia. Podobno obcy małżonek nie pasuje do twojego temperamentu. Słyszeliśmy, że jesteś tylko jednym mężem na tydzień w roku. To albo w Boże Narodzenie w nocy. Jak źle...

FARAHAMAND
Jak bardzo...

AUNT
jak źle, że mężczyzna w twoim wieku spędza samotne noce w tym luźnym budynku. Jeśli ci to przeszkadza, mogę powiedzieć MRS Azize, żeby przyszedł do ciebie? Widzisz, tu wszystko jest jak dawniej. Pamiętasz? Siedziałeś na tej kanapie i poprosiłeś mojego ojca, księcia Moeinalmolk, żeby zgodził się na nasze małżeństwo. Nie zapomniałaś?

FARAHMAND
Nie...

AUNT
Przyszedłeś i poszedłeś, żeby mój ojciec był zadowolony.

FARAHMAND
Spójrz tutaj Shokat...

AUNT
Nie wiem, co widziałeś w obliczu tej piegowatej kobiety, że złamałeś swoją obietnicę?

FARAHMAND
Kazałem ci przepraszać za czasy...

AUNT
zawsze w tłumie, na imprezie, nie w odosobnieniu. Nigdy nie miałeś odwagi przeprosić w tym pokoju poprosiłeś mnie, żebym się z tobą ożenił.

FARAHMAND
Shokat. Przepraszam.

AUNT
Jak skromny stałeś się Manucherem... racja, co to za flAming spalony przez twoje ciało, które poszło do piekła?

FARAHMAND
ten ogień, który go rozpaliłeś.

AUNT
Wiesz, że to kobiece cele, choć nadal jesteś zdrowy...

FARAHMAND
to spali mnie ta fala ognia, którą mi wyrzuciłeś. Weź tego człowieka uzda i wciągnij go do innego żłóbka. Tyle sobie wmawiałam, że zaakceptowałam twoją radę i pozwoliłam mu pracować w szkole przez jakiś miesiąc.

AUNT
galopujesz non stop. Uspokój się trochę, żeby pójść razem. Czy twój biznes jest w stagnacji? Straciłeś swój urok? Znalazłem osobę ocierającą twój ryj o ziemię. On jest jednym z tych abstynentów, da ci piekło. On jest z rodu bolszewików, zje[27] cię jednym kąskiem.

FARAHMAND
ten pan młody nikogo nie znęcał się nad nikim. Nie wiem, co z nim zrobić...

AUNT
Ty nędzny człowieku, uważasz, że twoim przeciwnikiem jest ten włóczęga? Wciąż nie wiesz, kto cię pokonał? On ma nieocenioną rolę w moim teatrze. Tylko to, zamierzam pominąć jego rolę, kiedy będzie trzeba. [*cisza*] powiedz szczerze, czego chcesz?

FARAHMAND
[*pauza, wstaje i siedzi obok Shokatolmoluk*] Drogi Shokat, proszę, nie pozwól budować tego teatru... Błagam cię...

Pani Azize wchodzi z tacą na herbatę. Shokatolmulok nie odpowiada. Madam Azize stawia herbatę przed Farahmandem.

Ja nie jem herbaty...

AUNT
mieć go...

FARAHMAND
mój żołądek ma problem, robię się kwaśny...

[27] Rodowód

AUNT
mieć go...

Farahmand z wahaniem podnosi szklankę herbaty i pije ją powoli. Prawie nie pije jej łykiem.

Masz to z cukrem pudrem...

Farahmand wkłada rękę do miski z cukrem i zjada ją. On pije resztę herbaty. Shokat ma wymuszony uśmiech.
Ciemność

SCENA 12

Kilka tygodni później od sceny 11. Z MR. Biuro burmistrza. Golshan idzie, a on czeka. Chwile mijają w ten sam sposób. Pan burmistrz wchodzi. Spieszy mu się. Golshan go zatrzymuje.

GOLSHAN
Przepraszam, MR. Burmistrzu, mogę zapytać, co się dzieje?

MR. BURMISTRZ .
Jaki obecny człowiek?

GOLSHAN
To znaczy, że nie wiesz?

MR. BURMISTRZ .
wie co?

GOLSHAN
to jeden tydzień, że funkcja mieszkania jest w pogotowiu, amerykańskiego inżyniera już nie ma. Nie pozwolili mi i studentom wejść do salonu kinowego. Powiedzieli, że to rozkaz burmistrza.

MR. BURMISTRZ .
Zobacz szanowanego człowieka to cotygodniowa sesja z gazetami teraz, nie ma szans, niech będzie po raz kolejny.

GOLSHAN
Co masz na myśli po raz kolejny? Przychodzę tu trzy dni i nie mogę cię zobaczyć.

MR. BURMISTRZ .
nie ma teraz okazji, mam teraz sesję, a ty lepiej już idź.

GOLSHAN
powinieneś być odpowiedzialny, ja też się z tym kojarzę.

MR. BURMISTRZ .
Chyba nie ma twojego nazwiska w umowie.

GOLSHAN
Co masz na myśli? W każdym razie, ten projekt został zapoczątkowany przez moją sugestię.

MR. BURMISTRZ .
Tak, miałeś tylko sugestię.

GOLSHAN
Tak czy inaczej. Dlaczego praca w teatrze powinna zostać przerwana bez powodu. Dlaczego ściany są w połowie wykonane?

MR. BURMISTRZ .
Na pewno istnieje racjonalny powód.

GOLSHAN
z jakiego powodu nie jestem tego świadomy?

MR. BURMISTRZ .
fundament ma problem, mury opadły.

GOLSHAN
nie ma tam żadnego problemu.

MR. BURMISTRZ .
Jesteś inżynierem?

GOLSHAN
Nie, ale...

MR. BURMISTRZ .
więc jeśli nie jesteś inżynierem, pozwól wykwalifikowanej osobie wyrazić swoje pomysły. Na przykład członkowie zgromadzenia miejskiego.

GOLSHAN
Jaki związek ma teatr ze zgromadzeniem miejskim?

MR. BURMISTRZ .
Wielkie dzięki. To oni oddają ostatni głos. Żaden organizm nie pije wody bez ich zgody.

GOLSHAN
To nie było żadne nazwisko tych w dniu podpisania umowy.

MR. BURMISTRZ .

Jesteś pewien, że przestudiowałeś całą treść umowy? Albo chcesz dać mi lekcję prawa?

GOLSHAN
Ja, który...

MR. BURMISTRZ .
nie robimy tu żadnych nielegalnych interesów. Wszystko opiera się na zasadach. Poza tym, ile salonów potrzebuje miasto?

GOLSHAN
Co masz na myśli?

MR. BURMISTRZ .
Nie znasz tych wiadomości? Została ona ratyfikowana wczoraj na sesji zgromadzenia miejskiego w celu zbudowania teatru na terenie współczesnej szkoły aktorskiej w Iranie.

GOLSHAN
Powiedział pan gdzie?

MR. BURMISTRZ .
Szkoła aktorska...

Wchodzi urzędnik. Ma w ręku długi tostowy chleb Sangaka.[28]

[*do urzędnika*] to jest ćwiartka, że kazałeś mi czekać, gdzie byłeś?

To była wina piekarza, sir. Był taki powolny.

MR. BURMISTRZ .
dlaczego jest taki czarny?

CLERK
ma otręby, sir.

MR. BURMISTRZ .
Nie jestem niewidomy. Dlaczego użył otrębów? Czy nie mówiłem ci, że to czysta mąka jęczmienna? Jak daję to dziennikarzom?

CLERK
Piekarz powiedział, żeby to w tej chwili wziąć...

MR. BURMISTRZ .
Dam ci piekło. Robisz każdy kawałek gówna, który ci się podoba!

MR. Burmistrz i urzędnik wychodzą. Golshan stoi w środku. Ciemność.
Jasne. Biuro p.o. dyrektora szkoły. Farahmand siedzi za biurkiem i uczy się. Javanshir i Saadat wykonują swoje prace. Słychać silne pukanie do drzwi. Javanshir i Saadat wyskakują ze swojego miejsca. Golshan wchodzi. Idzie prosto do Farahamnda. Farahamand, boi się wyskoczyć z jego miejsca.

GOLSHAN
opóźniony analfabeta, słabo myślący staruszek, który gdzie indziej zakorzenił się jako rak. Otworzyłeś sobie terytorium, nie pozwalając nikomu oddychać, aby działać!

Tak bardzo zbliża się do Farahmanda, że daje swojego uczonego. Javanshir i Saadat wychodzą ze swojego miejsca i idą ich rozdzielić.

[28] Rodzaj płaskiego irańskiego chleba wypiekanego na gorących kamyczkach

FARAHMAND
zostawcie mnie w spokoju... uduszcie mnie...

JAVANSHIR
straciłeś swoją mądrość Golshan?

SAADAT
Czy jesteś świadomy tego, co robisz?

GOLSHAN
Oboje się zamknijcie... zostawcie moją rękę, pozwólcie mi zabić tego dupka, żeby się go pozbyć.

FARAHMAND
Wyjdź...

GOLSHAN
Nie pójdę, dopóki cię nie zabiję.

Znowu ataki na Frahmanda. Javanshir i Saadat próbują go oddzielić od Frahmanda.

FARAHMAND
Zostaw mnie, mały człowieczku! Zostaw mojego uczonego, żeby mnie udusił. Nie jestem nikim. Idź i zapytaj swoją żonę, ciociu, co się dzieje...

GOLSHAN
tchórzem, który pociąga za sobą kolejną nogę do historii...

Javanshir i Saadat oddzielają go.

FARAHMAND
Twoja żona ciotka zadzwoniła do burmistrza...

GOLSHAN
Ty... Ty... co? Co powiedziałeś?

FARAHAMAND
Spadajcie stąd...

GOLSHAN
zaskoczony i zepsuty wychodzi z pokoju.

Ciemność

SCENA 13

Dwie godziny po scenie 10. Przed kancelarią adwokacką. Negar siedzi na schodach przed biurem i pali. Po chwili Amin wchodzi w dyszenie.

AMIN
Tak mi przykro. Przepraszam. Przepraszam. To był ruch uliczny. Zniknął? Tak, odszedł...

przez Boga, to nie było celowe. Chodziłam gdzieś na wywiad, mówił tak dużo, że Bóg wie. Wyszedłem z jego domu żałośnie. On tego nie kończył. Chciałam tylko... [*Pauza, siedzi obok niej*] Negar, yeh, wiem, że nie daje czasu nawet co trzy inne tygodnie. Sama do niego dzwonię, żeby z nią porozmawiać. W każdym razie, umówię się z nim. On jest prawnikiem... czyż nie? Więc kim on jest? Dlaczego palisz? Obfitowałeś w to, nieprawdaż? [*Pauza*] Dlaczego nic nie mówisz? Tak, umowa stoi. Wiem, że popełniłem błąd. Ale to był ruch boski. Mieszkasz w tym mieście, czy trzeba mówić, że ruch istnieje? Przyjechałem ze wschodu na zachód... [*Pauza*] oh, możesz to skończyć? Błagam cię...

Negar wbija ostatni ptyś do papierosa, rzuca go na ziemię i zgniata pod stopą. Stoi w górze. Giggles to Amin i wychodzi. Ciemność

SCENA 14

Arax café. Kilka godzin po scenie 12. koniec nocy. Mehrie siedziała za biurkiem i paliła. Armine sprząta rzeczy. Seroj kładzie chusteczkę na biurku. Duża cisza. Głos dzwonka na drzwiach. Wchodzi Golshan.

GOLSHAN [do Mehrie] nikt nie wie, gdzie jesteś? Czekam na ciebie w domu od południa do teraz.

Nie byłam w nastroju na bycie w domu.

SEROJ witaj Hassan, jak się masz?

GOLSHAN, co to znaczy, że nie byłeś w nastroju?

MEHRIE to znaczy, że lubiłem tu przychodzić.

GOLSHAN, nie możesz nam dać znać?

SEROJ Hassan, uspokój się, nieważne...

GOLSHAN, dlaczego nie jesteś obecny, kiedy cię potrzebuję?

MEHRIE Nie lubiłem być w domu.

GOLSHAN dlaczego? Co się wtedy stanie? Jaki problem ma ten dom?

Hassan nie mówi do mnie w ten sposób.

GOLSHAN, jak mam mówić? Wiesz, co się ze mną stało?

Mehrie nie odpowiada.

Słyszałeś? Pytałem, czy wiesz, co się ze mną stało. Pytałem, czy wiesz, co się ze mną stało?

Mehrie patrzy mokrymi oczami na Hassana.

Ty... ty... ty... wiesz, co się ze mną stało... Wiesz, co się ze mną stało... wiesz, co się ze mną stało...

Seroj idzie w kierunku Golshan i oddziela go od Mehrie.

SEROJ zejdź na dół Hassan. Ona jest niewinna. MRS Azize jej powiedział.

GOLSHAN, co ona jej powiedziała?

SEROJ to, co wiesz.

GOLSHAN co ja wiem?

że Farahmand poszedł do cioci MRS i wymyślił ją...

ARMINE co? Farahmand poszedł do cioci MRS, żeby się z nią spotkać? Kiedy?

GOLSHAN, więc dlaczego miałbym być nieświadomy? Mehrie? Nie wiedziałem, nie wiedziałem... Ja... przez cały ten czas... ja... ja... ja...

Światło sceny rozpływa się z każdym powiedzeniem "ja", tak że na Golshanie jest tylko jedno światło. Światło na Golshanie zmienia się stopniowo w niebieskie. Na jego plecach, na dole sceny, stopniowo zapala się kolejne niebieskie światło. To światło pokazuje budynek. Budynek rusztowania, który w każdej jego części i historii MR. Farahmand, MR. Burmistrz, Shokatolmoluk, książęta, Saadat i Javanshir stoją lub siadają. Wszyscy zaczynają się śmiać. Golshan zawraca. Idzie w kierunku budynku powoli. Gdy dociera do budynku, schody linowe wyrzucają na dół. Bierze ją i idzie powoli w górę. Głośno się z niego śmieją, ale on idzie wyżej, idzie coraz wyżej, idzie tak wysoko, że dostaje się na górę. Patrzy w dół. Śmieje się głośno i hałaśliwie. Głos innych jest niemy. Jak zawraca, widzi człowieka takiego jak on sam. Mężczyzna zbliża się do niego. Cofnie się i cofnie, nagle zawala się z budynku, wszyscy inni zaczynają się śmiać. Upada na ziemię. Ze sceny wisi duży obraz "banku". Po obu stronach budynku świecą neonowe obrazy kina. Golshan wraca na widownię i wchodzi do budynku z walizką w ręku.
Koniec aktu drugiego

Akt trzeci

WILL OF HOMELAND

PRELUDIUM

Amfiteatr partii politycznej. Mahmud Nosrat i Yosef Sadegh stoją za dwoma oddzielnymi trybunami, których wysokość jest większa niż poziom sceny. Rzucili czerwoną sukienkę na każdą trybunę. Sukienka pod tym tytułem: "Internal Political Party Casting Vote - October of 1948" znajduje się grupa członków partii siedzących przed nimi, z powrotem na widowni. Atmosfera wilgotnego powietrza, pełna dymu i gwaru. Na głowie Nosrat i Sadegh zawieszona jest lampa.

NOSRAT
Towarzysze towarzysze towarzysza, błagam was. Tak czy inaczej, czas zacząć.

Hubbub się uspokaja.

Zanim cokolwiek się stanie, chciałbym powiedzieć o osobie nieobecnej w tej kluczowej i historycznej chwili, której wszystko zawdzięczamy. Towarzysz Molkara nie jest już wśród nas, choć jego wielka myśl, pomysły i cele rozwijają się w każdym z nas. Towarzyszu Molkara, jesteśmy w delikatnym momencie historii tego kraju. Dzisiejszy dzień jest doniosły. Dzisiaj jest dzień, w którym irański ruch społeczny powinien być przywiązany do cierpiących od dawna ludzi na świecie. Jestem tu, aby dać obietnicę lepszych dni, że zwycięstwo jest bliskie.

Brawo.

Chcę, żebyś mnie zagłosował. Jestem tu, aby poprzeć każdą wolną, wywyższoną myśl, której celem jest uwolnienie człowieka od agonii i ucisku oraz przeciwstawienie się uniwersalnym imperialistom". Zachęcam również tych, którzy się z nami nie zgadzają, by się do nas przyłączyli. Chociaż jestem pewna, że oni również będą się kłaniać naszemu rozwiniętemu myśleniu. Mówiąc w skrócie, wszyscy jesteśmy przyjaciółmi, zgadzamy się z ludzkimi postawami, a naszą bronią jest myślenie, zastanawianie się i pióro. [Pauza] Już nie mam pojęcia.

Znowu pączek. Nagle ludzie wołają całkowicie: "Towarzyszu Nosrat, towarzyszu Nosrat..."

SADEGH
Chłopaki, chłopaki. Zaczynam moje ogłoszenie od początku, towarzyszu Molkara. On

[*zaczyna płakać*] jest wielkim człowiekiem, który poświęcił swoje życie dla mnie i twojej wolności. Nigdy nie myślał o sobie. Spędził swoje życie w partii politycznej. Zaakceptował agonię życia i więzienia i płakał do walki. Walczył do wolności uwięzionych mas od cesarskiego okrucieństwa. Towarzysz Molkara powiedział w ostatnich chwilach swojego życia, biorąc mojego przyjaciela Yosefa za rękę, wspierającego idee partii politycznych i uwalniającego masy od nieskończonego ucisku. Moje cele to nic innego jak szczere pragnienia Molkary, walczące do ostatniego tchu...

Znowu tłum mówi monolitycznie: "Towarzyszu Sadegh, towarzyszu Sadegh..." ale stopniowo głos "Nosrat, Nosrat..." na głos "Sadegh, Sadegh..." bije na ich krzesła. Mówią wielokrotnie "Nosrat, Nosrat..." głosy zamieniają się w tłuczące się sanki, które są przybijane do murów budynku. Budynku, który ma zostać zburzony.
Ciemność

SCENA 1

Dom Farokha. Kilka dni później ze sceny 13 aktu drugiego. Głos destrukcji nadal trwa z preludium. Ale obniża się wraz z nadchodzącymi światłami. Farokh siedzi na przytulnej kanapie. Pełnowymiarowe okno. Wygląda przez okno. Na zewnątrz, sąsiedni budynek zostanie zniszczony, a jego cienie odbijają się od Farokha. Na jego tyłach dwoje robotników wyjmuje domowe gacie. Farokh patrzy na zewnątrz, gapiąc się na punkt. Chwile mijają jak ta sama historia. Dzwoni telefon. On nie odbiera. Głos odbierającego, dziewczyno: "Cześć, profesorze, myślę, że to już dziesiąta wiadomość, którą wysyłam do pana, odbierz ją na litość boską, jeśli jest pan w domu. Mam problem w liście, powinienem go bronić w przyszłym tygodniu, odebrać, jeśli to możliwe..." Telefon się rozłącza. Amin wchodzi. Teczka w jego ręce. Wygląda zaskakująco dla pracowników. Idzie obok Farokha.

AMIN
Co tu się dzieje, profesorze?

FAROKH
Nic szczególnego, poza tym, że wszyscy idziemy do rzeźni, stojąc w kolejce... witajcie.

AMIN
Witam.

FAROKH
Siadaj, mów.

AMIN
Dzięki... Wolę stać... Słyszałem, że masz zamiar odejść. Nie uwierzyłam w to. Powiedziałem im, że to nieprawdopodobne... tak szybko... a potem sam tu przyszedłem, żeby się dowiedzieć.

FAROKH
Stałem się światłem z tego, co było na moich ramionach i czułem się za nie odpowiedzialny/ opróżniłem się z całej swojej istoty, idę do niczego.

AMIN
Kiedy chcesz jechać?

FAROKH
18 stycznia.

AMIN
Nawet nie czekasz na egzaminy semestralne?

FAROKH
[*Kiwanie głową z negatywnym znaczeniem*] Zobacz ten dom, to jest tydzień próbują go zniszczyć. Początkowo zakorzeniali się w jego drzwiach i oknach, teraz to jego cegły okazuje się zgasić jeden po drugim z jego serca. Zastanawiam się, dlaczego ta wiśnia zakwitła w tym zimnie. Zastanawiałem się, czy to dusza pana Karimi, właściciela tego domu, który tu jest i mówi, że żyję, dlaczego burzysz ten dom?... Kiedy nadeszła wiosna, jego winorośl zakwitła i przeczołgała się wokół tej barierki. Przed lipcem przynosiła owoce... moja mama szła na stołek ścinając liście i robiąc z nich wypchane liście winorośli, dolma[29] z nimi. MR. Karimi była ogrodniczką. Zrobił mały raj na tym podwórku domu. Wychodziłem z murów po południu, skakałem na ich podwórko, bawiłem się z Maryam jego córką. Mieli duży staw. Położyliśmy ręce do stawu w poszukiwaniu ryb. Później widziałem ją w szkole każdego dnia. Kiedy chodziliśmy do liceum, nasze powitanie też się skończyło. Ona wyszła za mąż, kiedy dostała dyplom. Dostała dziecko. Jej dziecko jest teraz w tym samym wieku co ty. Pojechali w zeszłym tygodniu z jej braćmi, by zabrać ze sobą panią Esmat. Nie powiedzieli nic do ostatniej chwili staruszce, która sprzedała to miejsce. Wiedziała, że opuszcza to miejsce siedząc wśród podwórek i wyjąc...

PIERWSZY PRACOWNIK
Panie inżynierze, czy weźmiemy to łóżko?

Węzły Farokha z jego głową. Robotnik nie został zauważony. Amin wskazuje ręką, żeby to wziąć.

A co z tą oliwkową kapsułką?

AMIN
Czyżby?

Farokh potwierdza z głową.

Tak, tak, tak.

Znowu dzwoni telefon. Idzie na automatyczną sekretarkę. Słychać głos mężczyzny: "Kuzynko Feri, dom jest w porządku. Proszę się zrelaksować. Dostałem dzisiaj pieniądze i przekazałem je cioci Susan. Jakaś cena pozostała, odłożymy ją

---

[29] Bliskowschodnie danie zrobione przez nadzienie ryżem, mięsem i kilkoma nasionami roślin strączkowych wewnątrz pomidorów. Bakłażany lub liście winorośli, a następnie gotowanie ich na wolnym ogniu.

na koagulację dokumentów w firmie. Rozmawiałam też z kasjerką, żeby wysłać pieniądze na twoje konto w Paryżu. Przyjdę do ciebie w nocy." Dźwięk Bipa.

FAROKH
Cokolwiek zrobiłem, nie zadziałało.

AMIN
Co?

FAROKH
Te rzeczy powinny być zrobione i na odwrót. Te rzeczy powinny być zrobione, a nie są zrobione. Te opinie powinny stać się realne, ale rozpadły się w twoim mózgu. Nic nie można zrobić. Dochodzę do tego wniosku od dłuższego czasu. To koniec gry. Dziesięciopiętrowe mieszkanie pójdzie w niebo zamiast domu pana Karimi. Nie widzimy stąd nawet góry i nieba. Gdy niebo robi się ciemne, gwiazdy zasypiają jedna po drugiej. Nie ma już pociągu na tej ponurej stacji, to lata wskazują, że człowiek umarł...

Cisza. Znowu dzwoni telefon, a potem odbiera wiadomość. Ten sam człowiek: "Zapomniałem Feri, zatrzymaj ten jedwabny dywan dla mnie, tak bardzo mi się podoba. Kupię dziewięć pizz od Natalie. Przyjdę. Farhad jest sam, jego żona i dziecko wyjechały na północ, ja go przyprowadzę." Telefon się rozłącza. Cisza.

AMIN
Idę, profesorze.

Spokojnie dotyka ramienia Farokha.

Zobaczę się z tobą.

On wychodzi. Głos zniszczenia budynku to crescendo. Ciemność

SCENA 2

Teheran. November of 1948. Poza bankiem. Stoi i czeka mężczyzna w płaszczu przeciwdeszczowym i kapeluszu trylby. Za chwilę patrzy na swój zegarek. Mruga światło kinowego neonu. Zza sceny słychać różne głosy. Hubbub i samochody nadjeżdżają i odjeżdżają. [[pośpiech, pośpiech, druga seria poszła z wiatrem, z genialnym dubbingiem...]], [[prażone nasiona, prażone nasiona, lody, lody...] mężczyzna zapala papierosa. Idzie i patrzy w neon. Nadchodzi światło pokoju Golshana. Pokój w budynku banku. Siedzi za biurkiem, a przed nim kupa teczek. Golshan ma na sobie okulary w grubej i czarnej oprawie. Jego skronie mają tendencję do bieli. Numeruje na ostatniej teczce i umieszcza ją na innych teczkach. Stoi w górze. Nosi płaszcz, podnosi torbę i wychodzi z drzwi. Mężczyzna czekający na zewnątrz budynku rzuca papierosy pod nogi, zapala je, widząc jak Hassan idzie za nim.

MAN
Witam panie Golshan.

GOLSHAN
Cześć.

MAN
To jest twoje.

Golshan bierze list. Facet szybko wychodzi. Golshan patrzy na kieszeń.
Ciemność.
Jasne. Dom Golshanów. Dwie oddzielne atmosfery:
Dziwka przy oknie. Mały wazon jest na wnękowej półce okna. Mały stół, przy którym siedzi Mehrie i tłumaczy za nim. Golshan wchodzi w pierwszą atmosferę. Gdy wchodzi, Mehrie przestaje pracować i szybko zbiera papiery, wkłada je do teczki i pod krzesło. Golshan wisi na swoim płaszczu przeciwdeszczowym. Stoi przy oknie i patrzy na niego. Mehrie wchodzi.

MEHRIE
Dlaczego się spóźniłeś? Martwiłam się.

GOLSHAN
Witam.

MEHRIE
Co się stało?

GOLSHAN
czy coś się stało, gdy się spóźniłem?

MEHRIE
nie nie nie... jesz herbatę?

Golshan węszy mu głowę. Mehrie chce wyjść.

GOLSHAN
Znowu wysłali list.

Mehrie stoi. Odwraca się do niego. Golshan wyjmuje list z kieszeni i daje go Mehriemu. Ona czyta list.

MEHRIE
Interesujące, że tym razem podpisał ją i napisał swoje imię. Kim jest ten Mahmud Nosrat? Znasz go?

GOLSHAN
jest jedną z osób pracujących z nami wcześniej w teatrze.

MEHRIE
Dobrze?

GOLSHAN
Widziałem go raz dwa razy, kiedy wróciłem. Drugi raz zabrał mnie do swoich przyjaciół, których wyzywaliśmy. Byłem w tym czasie w stanie, że jakiekolwiek uznanie ze strony Rosji było dla mnie nie do zniesienia. Na początku byłam taka zła, ale potem bardzo mi ich współczułam. Tak wielu z nich było ofiarami Związku Radzieckiego.

MEHRIE
Nie wiedziałam...

GOLSHAN
to nie było ważne. Ale jest jedna rzecz, której ci nie powiedziałem. Pewnego dnia Ahanchi przyszedł do mnie i powiedział, że powinnam porzucić jego dom. Wiedział, że poszedłem do domu jego przyjaciela z Nosratem. Wiedział też o innych rzeczach. Wszystkie inne niewolnictwa były z nim związane.

MEHRIE
Dlaczego do tej pory tego nie powiedziałeś? Czy Talat też o tym wiedział?

GOLSHAN
Nie wiem. Nie ważniejsze po tych wszystkich latach...

Cisza.

MEHRIE
Czego Nosrat chce od ciebie?

GOLSHAN
nie napisał nic w liście. Ale mogę zgadnąć, czego on chce.

MEHRIE
Co ty wygadujesz?

GOLSHAN
na pewno zrobił mi się sen.

MEHRIE
Dlaczego jesteś takim pesymistą?

GOLSHAN
nie znasz go dobrze. Nie ma żadnego "u"... odwrotu w sposobie, w jaki odeszli.

MEHRIE
Nie znam ich, ale znam ciebie.

GOLSHAN
Co masz na myśli?

MEHRIE
Spójrz Hassan, przez kilka lat zamykałeś w sobie drzwi, odizolowałeś się. Nic nie poprawia się w ten sposób. Wyrażę się jasno, że jesteś sam i nie możesz zmieniać rzeczy na zewnątrz. To ty musisz dostroić się do okoliczności, w przeciwnym razie to życie sprawia, że każdego dnia jesteśmy coraz bardziej załamani. Na przykład, jak długo nie pojechałeś do Seroja? Człowiek, u którego byłeś codziennie obok niego, byłeś zawsze z nim, dlaczego już go nie widzisz? W ten sposób tylko sobie przeszkadzasz, tylko się smucisz i odmawiasz rozmowy z kimkolwiek. To ty powinieneś zmienić tę sytuację. Ta sytuacja powinna być zmieniona. Może ten list... zobaczenie tego człowieka... może to może zmienić atmosferę. Nie wiem, czego oni od ciebie chcą, ale wiem, że nie jesteś człowiekiem, który może być szczęśliwy tylko dzięki pracy w banku. Nie jesteś taki, nie byłeś taki. Myślę, że nadszedł czas, by się z tobą dogadać.

Daje list do Golshana.

Nalewam teraz herbatę.

Mehrie wychodzi. Golshan gapi się przez okno, mając w ręku list.
Ciemność
Jasne. Khayam Café. Mehrie i Nosrat siedzą obok okna. Mehrie ma damski kapelusz na głowie i kieszeń w dłoni. Neonowe zdjęcie targu jest widoczne z okna sklepu.

NOSRAT
Nie odłożysz kapelusza?

MEHRIE
Nie, nie. Jestem tu trochę niespokojny.

NOSRAT
Chciałem z tobą porozmawiać, nie było to możliwe przy wejściu do kawiarni. Dlatego mówiłem ci, żebyś lepiej weszła. Co chcesz zjeść?

MEHRIE
Nic.

NOSRAT
Przyniosła pani tłumaczenia?

MEHRIE
Tak. [*daje mu kieszeń*]

NOSRAT
Na pewno nic nie zjesz?

MEHRIE
kawę.

NOSRAT
Dwie kawy, panie...

MEHRIE
Pozwól, że coś powiem, zanim wypowiesz swoje słowa.

NOSRAT
Jasne, że tak.

MEHRIE
Pytanie, które przyszło mi do głowy przy ich tłumaczeniu.

NOSRAT
Jakie pytanie?

MEHRIE
Zastanawiałem się, dlaczego ta książka została do tej pory przetłumaczona, informacje w niej napisane są jednym z twoich największych mocodawców, czyż nie?

NOSRAT
Owszem, są, ale szansa nie miała miejsca. Nie byliśmy w normalnej sytuacji. Wiesz lepiej, że pracujemy od lat. Nigdy nie mieliśmy odprężenia i centralizacji, dzięki którym moglibyśmy swobodnie pracować nad teoriami.

MEHRIE
Cóż, ja... Myślę, że chciałeś coś powiedzieć. Przypadkowo chciałem z tobą porozmawiać na ten temat. Zadawałem sobie to pytanie wiele razy, nawet ostatnim razem, gdy zostałem wybrany na pierwszego sekretarza w partii politycznej w głosowaniu, powiedziałem to. Powiedziałem, jak możemy wkroczyć do walki z imperialistami, nie mając mocnego zaplecza teoretycznego? Powinniśmy wzbogacić masy z punktu widzenia myślenia i kultury, aby je przyciągnąć. Nie da się wymusić na pozostałych przy pomocy bagnetu i broni. Powinniśmy udowodnić nasz postęp myślowy. To właśnie to może uczynić nas zwycięzcami.

Służąca przychodzi z dwiema filiżankami kawy. Wkłada je na biurko i wychodzi.

Od tej pory harmonogramy masażystów koncentrują się na kwestiach teoretycznych. Wiesz, że ja sam sugerowałem te wszystkie rzeczy, które przez te wszystkie lata tłumaczyłeś na Molkara. Starałem się prowadzić partię polityczną do myślenia i medytacji. Teraz, jako pierwsza sekretarka, mogę swobodniej realizować swój projekt. Dlatego zdecydowałem się pójść za ludźmi, którzy albo mają wiedzę, albo są aktywni. Tych, którzy mogą nam pomóc. Możemy mieć zdolność przyciągania nawet tych, którzy nie są dla nas jednorodni. [pauza, pije trochę kawy] Kawa się nie przeziębi.

Mehrie pije kawę.

Jak się ma Hassan?

MEHRIE
jest w porządku. Dzięki, że pytasz za nim.

NOSRAT
czy jest zadowolony ze swojej pracy?

MEHRIE
Co mam powiedzieć? Nie może mieć pracy, która mu się teraz podoba...

NOSRAT
Spójrz, ja też to mówię. Dlaczego taki bohater jak Hassan miałby być zmuszony do pracy w aktach bankowych? Dlaczego tak dużo talentu, myślenia i energii miałoby być zmarnowane? Dlaczego?

MEHRIE
Bardzo dziękuję za myślenie.

NOSRAT
szczerze mówiąc, chcemy opublikować cotygodniowy list. Postanowiliśmy opublikować w nim również bogaty dodatek artystyczny. Ja jako redaktor naczelny tak bardzo lubię używać osoby takiej jak Hassan. Lubię zajmować się częścią artystyczną magazynu dla człowieka takiego jak on.

MEHRIE
To znaczy, że chcesz, żeby Hassan pracował dla ciebie tutaj?

NOSRAT
Zawsze lubiłam pracować z takim człowiekiem jak on.

MEHRIE
dlaczego uważasz, że Hassan jest teraz agresywny, by z tobą współpracować?

NOSRAT
dlatego chciałem z tobą porozmawiać.

MEHRIE
Czego ode mnie oczekujesz? Wrócić do domu i poprosić go o współpracę z tobą?

NOSRAT
Nie. Nie w ten sposób. Nie chcę, żebyś wpadł w kłopoty. Wyślemy mu list dwa lub trzy razy. Zrobimy dla niego pierwszy plan. Ale chcę, żebyś go przekonał. W jakikolwiek sposób.

MEHRIE
Nie mogę.

NOSRAT
Możesz.

MEHRIE
Nie zrobię tego.

NOSRAT
Jesteś jedyną osobą, która może go przekonać.

MEHRIE
Nie mogę tego zrobić.

NOSRAT
Chyba musisz go przekonać.

Ciemność.

Jasne. Biuro imprezowe. Biurko w kształcie prostokąta w środku sceny. Rafi Molkara siedzi po lewej stronie, Mehrie po prawej, Sadegh jest na biurku, a Nosrat na dole z tyłu do publiczności.

NOSRAT
Mrd. Eghbal studiował literaturę perską na Uniwersytecie w Teheranie.

MOLKARA
Naprawdę? W którym okresie byliście studentami?

MEHRIE
drugi okres.

MOLKARA
Jak miło.

NOSRAT
jest również całkowicie biegła w języku francuskim.

MOLKARA
długo szukaliśmy sprawnego tłumacza, który znałby przysmaki z języka francuskiego. Jak wiadomo w tamtych czasach używanie języka rosyjskiego i niemieckiego jest sceptyczne. Ale nikt nie ma wątpliwości co do języka ROSSO, HOGO i LAMARTIN. Tak bardzo podoba mi się, że ta współpraca trwa nadal. Ponieważ naszym celem jest wydawanie czasopism i gazet. Na pewno cię potrzebujemy.

NOSRAT
Oczywiście rozmawiałam z nim tylko o tłumaczeniu.

SADEGH
ten, który dołączył do partii politycznej, powinien się jej poświęcić.

MEHRIE
[*spojrzenie na Nosrat, z wahaniem*] Przyszedłem tylko po tłumaczenie.

SADEGH
czy ktokolwiek może tłumaczyć bez oddawania ciała i duszy na przyjęcie?

NOSRAT
Przyjacielu Sadegh, proszę, nie mów o tej sprawie. Pani Eghbal jest tylko tłumaczem i zamiast tego daje pieniądze.

SADEGH
daje pieniądze? Co daje ci prawo do powiedzenia...

MOLKARA
Chłopaki, błagam was. *Mehrie,* możesz poczekać chwilę przed panią Eghbal?

SADEGH
Mały człowieczku, nie mówiłem ci, dlaczego przynosisz[30] tu wszystko i rosiczki?

---

[30] Wściekliznę, riff-raffa

NOSRAT
po pierwsze, nie robię nic bez umówienia się z przyjacielem Molkara po drugie, to nie ma nic do ciebie. Ty tylko...

SADEGH
Uważaj, żebyś się nie przesadził...

MOLKARA
O co wam chodzi, do cholery? Dlaczego walczysz jak kot i pies? Chcieliśmy tylko tłumacza, który przyszedł. To nam wystarczy, jeśli potrafi dobrze wykonywać swoją pracę. Czego ona od was chciała?

NOSRAT
Nic. Po prostu nie chciałem, żeby żadne ciało wiedziało o tej historii.

SADEGH
Dlaczego?

NOSRAT
Nie wiem. Nie wtrącam się w życie ludzi. Po prostu wiedz, że jest niezawodny.

SADEGH
Skąd wiesz?

NOSRAT
Jestem pewien. Przyjmuję na siebie wszystkie obowiązki. Co więcej, jeśli wiesz, że bardziej godny zaufania człowiek go bierze.

MOLKARA
Wystarczy... Spójrz Mahmud, cokolwiek się stanie, winię cię za to. Po prostu powiedz mu, żeby wykonywał jej pracę punktualnie.

Ciemność.
Jasne. Przed kafejką khayam. Neonowy obrazek określa nazwę kawiarni. Mehrie czeka. Patrzy na swój zegarek. Wchodzi Nosrat.

NOSRAT
Pani Eghbal?

Mehrie patrzy na niego.

To jest Mahmud Nosrat.

MEHRIE
Witam.

NOSRAT
Witam. Wszystko w porządku? Przepraszam za spóźnienie. Wejdziemy do środka?

MEHRIE
Nie, dziękuję. Spieszy mi się.

NOSRAT
Cóż... jak się ma Hassan? To wieki, że go nie widziałem.

MEHRIE
on jest w porządku. Niezłe. To znaczy...

NOSRAT
Armine mi powiedział. Co mogę zrobić?

MEHRIE
pracę. Praca w banku. Jakąkolwiek pracę.

NOSRAT
Jesteś pewien, że Hassan się zgadza?

MEHRIE
pod warunkiem, że ten warunek tak.

NOSRAT
ale jeśli będzie wiedział, że to ode mnie, może tego nie zaakceptować.

MEHRIE
Nie daję mu znać. Zrobię to trochę. Ty też nie pozwalasz mu przeciekać.

NOSRAT
Ok. Coś jeszcze?

MEHRIE
Nie, dziękuję. [*chce iść*]

NOSRAT
Przepraszam, pani Eghbal?

MEHRIE
Tak?

NOSRAT
Armine powiedział mi, że studiował pan literaturę perską i jest pan biegły w języku francuskim.

MEHRIE
Racja.

NOSRAT
tłumaczysz z francuskiego na perski?

MEHRIE
Tak. Dlaczego?

NOSRAT
są pewne teksty i listy, a jeszcze inne po francusku, że nie mamy wiarygodnej osoby do ich tłumaczenia.

MEHRIE
Myślisz, że jestem niezawodny?

NOSRAT
dopóki nie poczujesz się pewny siebie, ja albo jestem taki jak ty.

MEHRIE
to znaczy, że jesteś...

NOSRAT
Nie, nie tylko dla przyjaźni.

Ciemność.
Jasne. Arax café. Zima 1949 roku. Po południu. Mehrie i Armine siedzą.

ARMINA
Nosrat, Mahmud Nosrat.

MEHRIE
Kim on jest?

ARMINA
on jest jednym ze starych przyjaciół Seroja i Hassana. Został uwięziony w zeszłym roku. Kiedy Hassan dostał się do więzienia Nosrat i jego przyjaciele byli przyłapywani czasem latorem.

MEHRIE
Jesteś pewna, że może?

ARMINA
Tak słyszałem. Wiem, że ma wielu przyjaciół w banku. Na pewno może pracować dla Hassana.

MEHRIE
może się z nim zobaczyć?

ARMINA
Tak. On jest klientem. Często wpada, żeby zobaczyć się z Serojem. Powiem mu, że tym razem przyszedł.

MEHRIE
Bardzo ci dziękuję. Wiesz, jaka jest sytuacja.

ARMINA
czy nadal przychodzą po ciebie z AUNT?

MEHRIE
Każdego dnia. Nawet nie pomijają tego w mojej pracy. Teraz już nie idę. Posyła tę biedną panią Azize do domu... Dzisiaj musiałem powiedzieć pani Azize, że nie otworzę drzwi następnym razem, gdyby przyszła innym razem.

ARMINA
Nie obchodzi mnie to! W tych czasach znajdę Nosrat.

Ciemność

SCENA 3

Biuro Mahmuda Nosrat'a. Grudzień 1948 roku. Nosrat siedzi za biurkiem i pisze jakiś temat. Na biurku jest jakaś gazeta. Głos jakiegoś ciosu w drzwi.

NOSRAT
Wejdźcie.

Golshan wchodzi.

GOLSHAN
Witam.

NOSRAT
Jak się masz, drogi Hassanie? Wszystko z tobą w porządku? Ile lat cię nie widziałam? Siadaj, siadaj...

GOLSHAN
Dzięki.

Oboje siedzą na krześle.

NOSRAT
Co jecie, powiedzcie im, żeby przynieśli? Herbatę? Kawę?

GOLSHAN
Dzięki, że nic nie jadłem.

NOSRAT
Czy powinniśmy wysłać list lub zaproszenie, żeby się z tobą zobaczyć?

GOLSHAN
...

NOSRAT
wiesz, ile lat się nie widzieliśmy? Widzisz ten wiek, starzenie się, noszenie szkła... co ty sobie zrobiłeś, człowieku?

GOLSHAN
Nic.

NOSRAT
Jesteś pewna, że nic nie jesz?

GOLSHAN
Tak.

NOSRAT
Papierosa?

GOLSHAN
Nie.

NOSRAT
Co robiłeś przez te wszystkie lata? Wiedziałem, że pójdziesz do więzienia. Chłopaki cię widzieli. Mówili, że to za przedstawienie teatralne. To takie niedorzeczne. Naprawdę żenujące. Nie byliśmy tacy niewinni, ale dlaczego ty. Nie skazaliście żadnego złego czynu. Doświadczyliście trudności, prawda?

GOLSHAN
więzienie jest więzieniem.

NOSRAT
Tak jest. Trudny czas. Ale to już koniec. Teraz nasza kolej.

GOLSHAN
widocznie tak jest.

NOSRAT
Cóż, nie powiedziałeś, co robiłeś po więzieniu?

GOLSHAN
Poszedłem na chwilę do szkoły aktorskiej, nie mogłem się z nimi dogadać, zostawiłem to w spokoju. Po jakimś czasie zostałem zatrudniony w banku. [pauza] Jak mnie znalazłeś?

NOSRAT
to nie było takie trudne. Po pierwsze, ile mamy Hassana Golshana w tym mieście? Po drugie, Teheran nie jest zbyt duży. Ostatnio jeden z chłopaków widział cię w banku.

GOLSHAN
Tak, racja.

NOSRAT
w jakikolwiek sposób bardzo się cieszę, że cię widzę. Wiesz, że mamy tu organizację dla siebie i zawsze staraliśmy się wejść w strukturę prawa. Mieliśmy bardzo szybkie pozycje, ale teraz to wyrównujemy. Tak bardzo lubimy tworzyć atmosferę wolnego myślenia. Chcemy wykorzystać każde myślenie i każdy pomysł. W rzeczywistości chcemy...

GOLSHAN
Czego ode mnie chcesz?

NOSRAT
Cóż... o co mogę zapytać od takiej osoby jak ty? Jak długo cię znam? Dlaczego osoba taka jak ty miałaby być pracownikiem banku z taką wiedzą? Naprawdę myślisz, że stałeś na swoim stanowisku? Myślę, że wyszedłeś w proteście z kimkolwiek, nawet z samym sobą. [pauza] Nie wiem, co się stało w tej szkole, ale gdyby to była moja decyzja, wybrałbym cię na szefa tej szkoły.

Golshan uśmiecha się.

Wiem, że nadal jesteś tym samym człowiekiem, który widział cię wcześniej w domu przyjaciela Molkara. Ale bardzo się zmieniłem. Mogę słuchać słów osoby takiej jak ty, szanować cię, a nawet pracować z tobą.

GOLSHAN
Praca?

NOSRAT
tak, dlaczego nie? Czy ktoś powinien zgodzić się ze sobą, aby móc pracować?

GOLSHAN
nie koniecznie, ale...

NOSRAT
ale powinniśmy się wzajemnie tolerować. Powinniśmy być w stanie pracować w sobie i z sobą. Należymy do tego samego kraju...

GOLSHAN
O jakiej pracy mówisz?

NOSRAT
[wstaje z biurka.] Siedzi obok Golshana. Bierze gazetę i daje mu. Ojczysta wola. To nazwa naszej gazety. Od teraz chcę publikować artystyczny tygodnik. Cotygodniowy list, który odruchowo oddaje Iran i światowe wyzwania artystyczne, a dzięki mojemu wielkiemu entuzjazmowi dla teatru i wiesz jak bardzo, chcę, aby jego części były poświęcone teatrowi. Jak pan to widzi?

GOLSHAN
Dobrze.

NOSRAT
Chcę, żebyś to zrobił.

GOLSHAN
Chcesz dostarczyć mi część teatralną?

NOSRAT
Ja też jestem obok ciebie.

Cisza.

Dobrze?

GOLSHAN
Nie jestem gotowa. Chyba nie mogę...

NOSRAT
Jestem blisko ciebie. Pomagam ci.

GOLSHAN
Nie mogę.

NOSRAT
Hassan...

Golshan stoi.

Wiesz Hassan, człowiek rozmarza, gubi się, zostaje zapomniany w zamglonym, zakurzonym pokoju z płytami... Czekam na ciebie.

Golshan wychodzi.
Ciemność.
Jasne. Biuro Nosrat. Kilka dni później. Nosrat pochylił się pod ścianą i czyta nam temat. Sadegh wchodzi.

SADEGH
co ten człowiek tu robi?

NOSRAT
Kto?

SADEGH
ten sir rah! Golshan, co on tu robi?

NOSRAT
jest redaktorem naczelnym cotygodniowego listu.

SADEGH
z czyim pozwoleniem go pan przyprowadził?

NOSRAT
z czyim pozwoleniem?

SADEGH
nie masz prawa robić czegoś celowo, samemu.

NOSRAT
Jak to się dzieje, że redaktor naczelny zamawia licencję?

SADEGH
gdy licencja działa bez umówienia się z redaktorem naczelnym.

NOSRAT
obowiązki licencyjne są jak pierwsza sekretarka wobec jego zastępcy.

SADEGH
Nie pouczaj mnie tych rzeczy! Redaktor naczelny magazynu powinien wiedzieć, co publikuje.

NOSRAT
Tak, powinien. Nie znasz go?

SADEGH
Nie wiem, że człowiek, który nie zgadza się z naszą tezą, siedzi w jednym z naszych pokoi biurowych, dałeś mu dwóch pracowników i Bóg wie, co on robi.

NOSRAT
Ten, który siedzi w tym pokoju, to Hassan Golshan i jest redaktorem naczelnym tygodnika artystycznej sztuki ojczystej, który nie ma nic wspólnego z gazetą "Homeland Will".

SADEGH
Art of Homeland? Nie miałeś nawet wzrostu, że wybrałeś inne imię? Ty naprawdę! Inny człowiek, inne imię...

NOSRAT
Przeciwnie, ta osoba przychodząca tutaj próbuje dać społeczeństwu jasny obraz nas.

SADEGH
teraz jesteś nieuprzejmy.

NOSRAT
to jest to, że nie szanujesz wchodząc, bez pukania. Wynoś się, mam robotę do zrobienia. [*siada za biurkiem*]

Sadegh wychodzi.
Ciemność.
Jasne. Dwa tygodnie później. Pokój roboczy Golshana. Biurko na środku sceny, Golshan i jego asystent Faraj siedzą za nim i pracują. Sadegh wchodzi po kilku chwilach.

FARAJ
Witam pana.

SADEGH
Witaj Faraj. Zadowolony z nowej pracy?

FARAJ
Co mam powiedzieć, sir?

SADEGH
to oczywiste, że jesteś zadowolony, tak czy inaczej praca w magazynie jest lepsza niż praca z osłem, mimo że magazyn nie jest tak bogaty. [do Golshana] jak sobie radzisz przyjacielu Golshanie? Wszystko w porządku?

GOLSHAN
jeśli inni pozwolą, wszystko jest w porządku.

SADEGH
zrobiłeś sobie wrogów na początku? Kciuk zabroniony, jeśli masz złośliwego, wroga lub ktoś inny mówi to do MR. Faraj. [do Faraja] jak widzisz?

FARAJ
TAK JEST, SIR.

GOLSHAN
nie pokazują złego, zakryli swoje twarze przebraniem, nosząc ginekologię.

SADEGH
Do tej pory myślałam, że jesteś tylko Grą Teatralną, nie wiedziałam, że jesteś też [31]wykonawcą

[31] Tazieh lub taziye lub taziya lub tazia oznacza komfort, kondolencje. Pochodzi z korzeni aza co oznacza żałobę.

pasji. Jeśli jakaś rola pozostała, odłóż mi na bok SHEMR.[32]

GOLSHAN
role zostały wypełnione w tych przedstawieniach, następnym razem na pewno powiem Farajowi, żeby cię ostrzegł.

SADEGH
Słyszałeś Faraja? Pewnie, daj mi znać!

FARAJ
tak sir.

SADEGH
[*zapala papierosa, patrzy na Golshana i chichocze*] o! Fortuna, o! Fortuna! Widzisz, panie Faraj, do której predestynacji ci ludzie wkraczają?

FARAJ
Tak jest, sir.

SADEGH
Dobrze, kiedy ten pierwszy numer ojczyzny będzie, polityczny artystyczny tygodnik sztuki listowej zostanie opublikowany Pan Golshan? Wewnętrzna komisja jest tak ciekawa, co to za funkcja.

GOLSHAN
nie spieszcie się, bo wyszło z drukarni, gorąco oddam panu Farajowi egzemplarz, żeby im go dać.

SADEGH
Dobra, czekam. Człowiek, gdy jest gorący, nie zdaje sobie sprawy z tego, co robi, ale gdy zwalnia, to wie, co zrobił z tą reputacją. Partia polityczna nie może tolerować ani chwili, by zobaczyć miejsce pogardy w swojej reputacji. [*Do Golshana, wskazując Faraja*] więc czekam na to. Do widzenia, towarzyszu Golshan.

FARAJ
Do widzenia, sir.

Ciemność.
Jasne. Biuro centralnego komitetu partii politycznej. Na środku sceny znajduje się biurko w kształcie prostokąta. Przed nami siedzą trzej przedstawiciele partii. Nosrat wraca do nas. Sadegh jest w rogu biurka.

PIERWSZY PRZEDSTAWICIEL
[*wyciąga cotygodniowy list*] przyjaciel Nosrat w tym cotygodniowym liście zostały opublikowane informacje, które są w odwrotnym kierunku niż myśli i pomysły naszej partii

---

Spektakl Męki Pańskiej jest dramatycznym przedstawieniem przedstawiającym mękę Jezusa Chrystusa: Jego próbę, cierpienie i śmierć. Jest to tradycyjna część wypożyczana w kilku wyznaniach chrześcijańskich, szczególnie w tradycji katolickiej.
[32] SHEMR. jest jednym z łotrów charakterystycznych dla TAZIEHa lub passion-play.

politycznej.

DRUGI PRZEDSTAWICIEL
my, jako przedstawiciele komisji centralnej, jesteśmy odpowiedzialni za zbadanie tego problemu.

TRZECI PRZEDSTAWICIEL
my, kumple, zgadzamy się, że badamy te przypadki jeden po drugim.

PIERWSZY PRZEDSTAWICIEL
w pierwszej kolejności powinniśmy wspomnieć o wystawie malarstwa w Teheranie. Expo to nowoczesne dzieła dwóch antypublicznych malarzy sztuki, przyznających się do bycia przeciwnikami partii politycznych. W pracach tych dwóch mężczyzn nie wspomina się o bolesnym życiu mas publicznych. Z opublikowanych w tym numerze obrazów łatwo można dostrzec prace tych dwóch malarzy jako połączenie nieistotnych kształtów, odrażających barw i absurdalnych pomysłów.

NOSRAT
Jeśli spojrzysz na boczną stronę raportu, zobaczysz pełny artykuł o publicznym malarstwie jest opublikowany. Celowo zrobiliśmy to, aby czytelnik mógł obejrzeć porównanie tych dwóch rodzajów obrazów. Dobrze?

DRUGI PRZEDSTAWICIEL
na stronie trzydziestej piątej wspomniał o życiu pisarza pod nazwą DASTAYOFSKI, który w zasadzie nie zgadza się z naszym myśleniem i jest również korzystnym pisarzem TEZAR.

NOSRAT
Chłopaki, zanim wytłumaczę, lepiej powiedzmy, że doszło do nieporozumienia, ten pisarz żył tak wiele lat przed rewolucją, a nawet poszedł na egzekucję w czasach tezara. Skąd wiesz, że nie dołączyłby do mas, gdyby żył w czasie rewolucji? Niezależnie od tego, poświęciliśmy mu tylko pół strony. Oczywiście powinniśmy wziąć to pod uwagę, że DASTAYOFSKI jest wybitnym człowiekiem w literaturze Związku Radzieckiego. Co więcej, nasza polityka zawsze opierała się na rzeczywistości. No i?

TRZECI REPRESYJNY
na stronie czterdziestej, akapit drugi, wiersz trzeci, nazwa twardego przeciwnika związku radzieckiego została wymieniona, nie może być w ogóle uzasadniona.

NOSRAT
Przepraszam, które imię?

PIERWSZY REPRESYJNY
MIYERHOLD.

NOSRAT
o tak temat, który dotyczył historii Związku Radzieckiego. To była tylko nazwa. [*Leafs through a magazine*] jeśli się nad tym zastanowić, to nic nie widać o jego stylu pracy został opublikowany. Chłopaki, nie możemy cenzurować historii. Naszym obowiązkiem jest interpretowanie historii. Co więcej?

Każda trójka jest blisko siebie i szepcze. Znowu siadają na swoich miejscach.

PIERWSZY PRZEDSTAWICIEL
Twoje wyjaśnienie sprawiło, że jesteśmy zadowoleni, ale wkrótce podamy Ci listę nazwisk, które nie powinny być używane w magazynie.

DRUGI PRZEDSTAWICIEL
[*do Sadegh*] Towarzyszu Sadegh, bardzo wam dziękujemy za wasze dobre zachowanie w obowiązkach partii politycznych, a także doceniamy ostrzeżenie nas o dokładnych szczegółach wydrukowanych w magazynie.

NOSRAT
Ja również bardzo ci dziękuję. Miłego dnia, chłopaki!

Przedstawiciele wstają. Żegnają się i wychodzą. Cisza. Sadegh zapala papierosa. Nosrat wstaje ze swojego miejsca. Wygląda Sadegh z góry.

NOSRAT
myślę o nowym redaktorze naczelnym gazety. Ja też myślę o nowej pomocy.

Sadegh patrzy mu w oczy, a potem się na niego gapi. Nosrat wychodzi. Sadegh ciągle pali. Stoi w górze.
Ciemność.

SCENA 4

Styczeń 2. poczekalnia na lotnisku. Głośnik lotniskowy ogłasza w ciemności: "Drodzy pasażerowie lotu nr 713 do Paryża, proszę jak najszybciej udać się do licznika D w celu dostarczenia towaru.]] Światło powoli zapala się. Amin i Farokh wchodzą. Amin ma w ręku duży bagaż. Farokh ma mniejszy bagaż i jest z przodu Aminu. Stoi na środku sceny.

AMIN
Do widzenia?

FAROKH
Do widzenia!

AMIN
[*pauza, opada głowa w dół, pauza*] do widzenia...

Ma zamiar oddać bagaż Farokhowi, który nagle bierze go za rękę i ściska. Ale Amin nie ściska jego ręki. Gapią się na siebie. Potem każdy z nich wychodzi z boków sceny.
Ciemność

SCENA 5

Khayam Café. Tydzień po scenie 3. Sadegh i Faraj siedzą w kawiarni. Duża miska lodów jest przed Farajem, dwie puste miski są obok niego. Podnosi duże kawałki lodów z łyżką i połyka je. Sadegh pali.

SADEGH
jak tu jest?

FARAJ
jego dobry sir.

SADEGH
jak jej lody?

FARAJ
bardzo pyszne. Jest lodowata.

SADEGH
Jadąc z takim apetytem, myśli się, że jest w środku lata. [*pauza*] powiedział, że tu jest dobrze. Czyż nie?

FARAJ
Tak, to znaczy nie. Wiesz, że nie lubię cichych miejsc.

SADEGH
Tak, tu jest tak poetycko.

FARAJ
tak sir.

SADEGH
Też mi się tu nie podoba. I albo ludzie tu przychodzą.

FARAJ
Ja też, sir. [*kończy jeść lody*]

SADEGH
Mogę zamówić, jeśli chcesz więcej?

FARAJ
nie sir moje zęby eksplodowały. Żadnego więcej jedzenia.

SADEGH
Ładnie. Myślałeś o tym?

FARAJ
tak sir. Tak.

SADEGH
Dobrze?

FARAJ
Nie mogę.

SADEGH
Co masz na myśli?

FARAJ
...

SADEGH
Czy wątpisz w to, że robisz dobry uczynek?

FARAJ
nie sir, ale...

SADEGH
ale co? To jest niebezpieczeństwo. Nic nie można z tym zrobić. Musimy.

FARAJ
My?

SADEGH
Musisz.

FARAJ
Dlaczego, sir?

SADEGH
ponieważ każdy z nas jest za to odpowiedzialny. Ale jest jeden, który uważa się za bardziej odpowiedzialnego. Kim on jest? Ja! To ja kładę pacę na innych winnych. To ja dbam o to, by inni nie zeszli z właściwego kierunku. Teraz czuję, że coś wyjdzie z prądu. To jest niebezpieczeństwo, o którym mówiłem.

FARAJ
tak sir.

SADEGH
każdy z nas wykonuje swoją pracę. Pewnego dnia uderzyłeś szpadlem w głowę szefa w fabryce i został zabity. To była akcja, którą musiałeś wykonać, a moją reakcją było bronienie cię i ratowanie przed tą niebezpieczną sytuacją.

FARAJ
Pamiętam, sir.

SADEGH
więc dobrze pamiętasz?

FARAJ
tak sir.

SADEGH
to tak, sir. [*pauza*]

FARAJ
Tak.

SADEGH
[*pauza, z uśmiechem*] zjesz kolejną filiżankę herbaty?

FARAJ
tak sir.

Ciemność.
Światła. Biuro czasopisma. Ostatni dzień. Golshan wkłada do torby kilka książek i papierów. Ahmad Lankarani wchodzi po chwili. Jest dwudziestopięcioletnim młodzieńcem, ale jego twarz wydaje się starsza. Jego sukienka nie jest nowa, ale godna szacunku. Ma pod ramieniem żółte opakowanie.

LANKARANI
Panie Golshan?

GOLSHAN
Tak?

LANKARANI
Czy to ty?

GOLSHAN
tak to ja.

LANKARANI
Przyszedłem wiele razy, żeby cię zobaczyć, ale powiedzieli, że nie jesteś.

GOLSHAN
teraz jestem tutaj, ale niestety spieszy mi się.

LANKARANI
To znaczy, że nie masz nawet pięciu minut?

GOLSHAN
[*spojrzenie na jego zegarek*] Ok. Siadajcie.

LANKARANI
siada.

GOLASHAN
Cóż, jestem do twoich usług? Przepraszam, że nie mogę cię zabawiać.

LANKARANI
Chciałem ci to dać, żebyś mógł to opublikować, jeśli ci się spodoba.

GOLSHAN
Co to jest?

LANKARANI
sztukę, którą napisałem sam . To sztuka z trzema epizodami. Zabrałem ją do magazynu postępu, który powiedział, że mogą opublikować tylko jeden akt. Powiedzieli, że to dużo. Nie zgodziłem się. Widzisz? Twój magazyn ma wiele informacji o teatrze powiedział mi, że może to być możliwe...

Podczas gdy lankarani mówi, Golshan wyjmuje grę z kieszeni i rzuca na nią okiem, po czym ponownie wkłada ją do kieszeni, a następnie wrzuca do torby, wstaje. Lankarani też wstaje.

GOLSHAN
Próbuję to czytać do przyszłego tygodnia i powiem ci, że rezonans...

LANKARANI
Lankarani... to jest Ahmad Lankarani.

GOLSHAN
Miło mi, panie Lankarani. Proszę wrócić w przyszłym tygodniu. Ma pan tu jakiś numer?

Ciemność.
Światła. Biuro Nosrat. Sadegh siedzi przy biurku, Nosrat idzie. Dwa papiery na biurku. Jeden jest w stronę Sadegh, drugi w stronę Nosratu.

SADEGH
Czy uważasz, że możesz robić co chcesz? Kto ci pozwolił?

NOSRAT
statut spółki.

SADEGH
i żadnych konsultacji z komitetem centralnym?

NOSRAT
Nie muszę się konsultować. Poza tym, kto powiedział, że nie konsultuję się z komitetem?

SADEGH
więc doradztwo nie jest dla ciebie?

NOSRAT
Konsultuję się, ale nie zgłaszam się.

SADEGH
Wykonuję swój partyjny obowiązek.

NOSRAT
Albo wykonuję swój polityczny obowiązek.

SADEGH
nie tylko wysyłasz się z kierunku, ale i zabierasz partię do nikąd. Jeśli to jest wykonywanie swoich obowiązków, to będzie dobrze!

NOSRAT
Nie, jeśli wykonywanie swoich obowiązków jest sabotażem i anarchią, krwawieniem i uzbrojeniem, masz prawo, nie wykonałem swoich obowiązków prawidłowo.

SADEGH
Ok. Biorę pomyłkę. Moje myślenie jest złe, co ty robisz? Wstrzykujesz imperialistycznym reakcjonistom do partii politycznej, ci nic do nas nie mają. Są nawet w sprzeczności z nami. Myślisz, że inni siedzą bezczynnie i nic nie robią? Sprzeciwiam się temu, żebyś nie pozwolił spieprzyć prestiżu tej partii.

NOSRAT
Przesadzasz.

SADEGH
każde ciało śmieje się z nas na zewnątrz. Made homeland będzie gazetować marynarkę samochodową. Ty wciskasz w nią na siłę każde bzdury na podstawie mojego nazwiska. Na nazwisko mojego redaktora naczelnego. Twierdziłeś, że ten śmieszny cotygodniowy list, czyniący z człowieka czarnoksiężnika wrogiego swojemu przełożonemu, a potem prawidłowo wypełniającego swoje obowiązki?

NOSRAT
Wiem, jaki masz problem, twój problem polega na tym, że inni nie akceptują twojego głosu. Głosowali na mnie i na mój harmonogram. Jakkolwiek chcesz dyktować się partii na siłę. Chcesz zignorować ich wybór.

SADEGH
oszukiwałeś wszystkich swoim miłym przyjęciem, ale nie możesz mi tego zrobić. Mądrze się stało, że wiesz, kim jesteś i kto cię wspiera. Gdziekolwiek zawrócisz głowę, zobaczysz mnie, idę za tobą jak cień.

NOSRAT
jesteś deportowany.

SADEGH
nie, nie rezygnuję.

Podpisuje przed nim list i wstaje. Nosrat podpisuje przed sobą list, daje mu go i bierze list w rękę Sadegh i marszczy go.

NOSRAT
nie twojej deportowanej.

Ciemność.
Światła. Kafejka Khayam. Mehrie i Nosrat siedzą za biurkiem.

NOSRAT
Dzisiaj deportowałem Sadegh. Znam go od dziewięciu lat. Myślę, że jest jedyną osobą, której nigdy się od niego nie odłączę. Wszystko było w porządku, bo organizacja nie była tak zjednoczona. Ta historia zniszczyła się, gdy tylko pojawiła się pozycja i ranga. Na początku

patrzyliśmy na siebie z przymrużeniem oka[33]. Najwyraźniej wszystko było w porządku. W tym czasie myślałem, że wszystko, co zrobił ten jeden, jest ze względu na partię, ponieważ jego zachowanie było tak, jakby się poświęcał. Ich rozmowy były prawdziwe. Ale w miarę jak posuwaliśmy się dalej, sytuacja stawała się coraz bardziej skomplikowana. Każdy z nas był innym szpiegiem. Raport po raporcie. Podobno byliśmy diabłami, tak czy inaczej chowaliśmy dla siebie nóż w kieszeniach. Chcieliśmy wszystko zmienić w ten sposób? Sprawić, żeby inni żyli wygodnie? Robisz w całym swoim życiu coś, co uważasz za słuszne. Dokonałeś abnegacji wobec siebie, wobec dziewczyny, którą kochałeś, wobec rodziny i przyjaciół, wobec siebie... idziesz do więzienia, będąc pogardzanym, zagrożonym. Ale kiedy wrócisz do siebie, zobaczysz, jak łatwo upadasz, upadasz tak bardzo, że nie możesz już wyjść. Upadłem, gdy zamknąłem usta. Zrobiłem to, żeby partia osiągnęła swoje cele. Myślałem wtedy, że partia polityczna to coś odrębnego ode mnie. Dlatego nic nie mówiłem, gdy pomijali Molkara.

Cisza.

MEHRIE
Panie Nosrat?

NOSRAT
Co się stało Mehrie?

MEHRIE
nie sądzisz, że to z powodu złego robienia, kiedy się do tego dochodzi? Zawsze mówisz imprezka. Mówisz partię w taki sposób, jakby był to człowiek sam i decydował się na samotność. Więc co z tymi ludźmi w niej? Ten, który jest jej członkiem? Może nigdy się nad nimi nie zastanawiałam. Znaczy, nigdy nie brałeś pod uwagę siebie.

NOSRAT
Tak. [*pauza*] może. Zapomniałem o sobie. Straciłem wszystko. Odkryłem to, gdy spojrzałem w lustro i zadałem sobie pytanie, co się stało z Mahmudem? Dlaczego tak się stało? Widzisz ten zakurzony fortepian? [Punktowe światło pali *się na starym fortepianie; jest na nim kwiat róży.] [Utwór "still cant return, still trying" Jona Bryona jest grany*] Przychodziłem do niego każdej nocy, chleba nie było w Teheranie, ale on grał na pianinie dla ludzi. Nie brał tak dużo pieniędzy. Jego twarz była biała. Jak lód. Pewnej nocy gapił się na nią na zakończenie swojego występu. Gapił się na swoje oczy. Odwracał głowę, gdy grał na pianinie i uśmiechał się. Jego uśmiech zapadł mi w pamięć od dziś. Następnego dnia kupiłem bukiet i przyszedłem do niego. Położyłam bukiet na pianinie. Uśmiechnęła się do mnie podczas spaceru w Lalezarze. Była jedną z polskich emigrantek. Znał trochę perski. Tyle, by zrozumieć znaczenie miłości. Ale ja nie mogłem dalej iść. Bo postanowiono nie zakochiwać się, ani się nie żenić. Miało to być przyjęcie, które uczyni kraj.

Cisza światło fortepianu zapala się. Muzyka zrywa się. Nosrat wyjmuje książkę z torby i daje ją Mehriemu.

MEHRIE
FILOZUFI DE ISTVA?.... FREDRICH EGEL?

---

[33] Słabość, omdlenie, rezerwacja

NOSRAT
nie jest już potrzebne tłumaczenie tej poprzedniej książki. Przetłumaczyć to. Daj mi ją stopniowo. Chcę zrobić z tego książkę. Dam ci pieniądze, ile zechcesz.

MEHRIE
dlaczego co się stało?

NOSRAT
Myślę, że... *Po* prostu zrób mi tę przysługę.

Ciemność

SCENA 6

Kilka dni po scenie 5. Dom Baharian. Kominek opalany drewnem, dwie sofy jednoosobowe obok, mały stół w środku. Są na nim owoce, cukierki i danie z chochalanu. Amin siedzi sama na kanapie. Baharianin wchodzi po chwili i stoi przed nim. Ma na sobie szlafrok oliwkowy.

BAHARIAN
Przepraszam, że musiał pan czekać panie Parsa, moja córka dzwoniła z Nowego Jorku. Nie jest pan żonaty. A ty?

AMIN
Ja... ummm...

BAHARIAN
Lepiej, żeby nie. Kiedy tylko zdecydujesz się wyjść za mąż, uważaj, żeby nie mieć dziecka. Dziecko to zły wynik nawet za oceanem. Dzwonią co tydzień tata wysyła pieniądze i tak dalej. Myślę, że ja tu drukuję pieniądze. Ta dziewczyna jest dobra, ale ten chłopak studiujący stomatologię w Australii ma bastinado pieniędzy[34]. [*siada*] Powiedziałem to dla twojego własnego dobra. Jesteś miłym chłopcem, ciężko pracującym studentem. Dowiedziałem się na egzaminie wstępnym, że masz talent. Powiedziałem sobie, czy można mieć dobrego studenta, który wejdzie na tę uczelnię? Teraz widzę, że moje przypuszczenia były słuszne.

AMIN
Robisz mi przysługę.

BAHARIAN
Oczywiście, że ty też masz błędy. Na przykład ten temat listu, twój wybór doradcy, z którym nigdy się nie zgadzałem, ponieważ jesteś dobrym i utalentowanym chłopcem. Mówię ci to, ponieważ zawsze zadaję sobie pytanie, dlaczego ten chłopiec zgubił drogę. Jestem pewien, że jeśli dokonasz właściwego wyboru, będziesz człowiekiem sukcesu w życiu. Nie pozwalam nikomu przychodzić do mojego domu.

AMIN
Nie chciałem ci przeszkadzać, nie będąc kilka dni na uczelni mówili, że jesteś w filmie biorąc

[34] Niebo

. te dni były również wakacje, więc musiałem ci przeszkadzać.

BAHARIAN
nie twój nie natrętny. Być może jesteś jednym z niewielu studentów w tych latach, którzy przychodzą do mojego domu. Ponieważ nie mam żadnego byłego związku z uczniem poza klasą, chociaż niektórzy ludzie mają takie, przez które nie uważam tego za słuszne. Miałaś szczęście, że dzisiaj nie było mnie w domu. Więc jaki jest twój problem?

AMIN
Nie mam już doradcy.

BAHARIAN
Nie chcesz powiedzieć, że jestem twoim doradcą?

AMIN
Nie, chcę tylko, żebyś się konsultował.

BAHARIAN
Teraz chcesz się konsultować? Od pierwszego dnia mówiłem ci, że albo twój temat, albo twoje referencje mają problem. Wiedziałem, że dostaniesz do tego momentu. Nie widzę w tym twojej winy.

AMIN
Przebyłem długą drogę w tym temacie. Nie ma już czasu na zawracanie.

BAHARIAN
wciąż możesz zawrócić. Możesz pracować kolejny semestr nad swoim listem. Zmień swój temat. Jeśli nie chcesz płacić za błędy, może później naprawdę nie będziesz miał czasu.

AMIN
profesorze, nie mam czasu. Tyle czasu spędziłem do tej pory.

BAHARIAN
Jak bardzo?

AMIN
tak wyższa od tych cen, które studenci wydają na swoje propozycje.

BAHARIAN
Ile na przykład?

AMIN
milion i trochę do dzisiaj.

BAHARIAN
[*z uśmiechem*] milion i trochę?

AMIN
ręcznie napisany zeszyt Golshana, jakiś magazyn i gazetę, które kupiłem w tym tygodniu i niektóre dokumenty i tak dalej. Czy wiesz, że był redaktorem naczelnym tygodnika?

BAHARIAN
Cóż, nie.

AMIN
nie ma ich więcej niż niektóre. Pierwszy cotygodniowy list wchodzący wtedy na poważnie do teatru w Iranie.

BAHARIAN
jakże interesujące. Masz teraz to wszystko, wydając półtora miliona, nie zgadzasz się na zmianę tematu, więc jakiej rady mogę ci udzielić?

AMIN
czy przedstawisz mi doradcę.

BAHARIAN
[*cisza, wstawać, chodzić*] Zrobiłeś to wszystko tak zwane rzeczy , teraz przyszedłeś tutaj pytając mnie jako główny kierownik doradca? Nie jesteś chętny do zmiany tematu, prawda?

AMIN
tak profesorze, racja.

BAHARIAN
czy akceptujesz wyniki?

AMIN
Chyba tak.

BAHARIAN
[*siada*] więc wszystko na twoim ramieniu. Okej. Profesor Barkook.

AMIN
Panie Barkook?

BAHARIAN
Wiesz co robią oskarżeni, którzy nie mogą wziąć adwokata dla siebie? Proszą sąd o przedstawienie im adwokata. Nazywają takich prawników prawnikami mianowanymi przez sąd. Pan Barkook ma rolę adwokata sądowego na naszej uczelni.

AMIN
ale...

BAHARIAN
Poprosiłeś mnie o doradcę, a ja go przedstawiłem.

AMIN
Cóż, ja...

BAHARIAN
czy masz wątpliwości? Wciąż się nie spóźnia.

AMIN
Nie, nic mu nie jest.

BAHARIAN
Tak, jest w porządku. Umówię się na spotkanie, które pójdę na uniwersytet, żeby z nim porozmawiać.

AMIN
Dzięki, profesorze. [*Stoi w górze, wyciąga rękę*]

BAHARIAN
[*bierze rękę, ale nie zostawia jej*] Ciekawe, jaki pożytek ma ten temat? Jakie ma wartości? Dlaczego nie widzicie ludzi wokół siebie? Dlaczego miałbyś włożyć rękę do ziemi i wyjąć cios bezużytecznymi kośćmi i chcieć ją przesadzić. Wydajcie za niego tego, którego nawet historia nie zastosowała, żeby go zatrzymać w swojej historii. Co historia ma z tobą wspólnego? Dlaczego nie widzisz przed sobą człowieka? Ha? Myślisz, że odeszliśmy powoli? Wiesz, że gdyby mnie tu nie było, ten uniwersytet zostałby zburzony? Wiesz, jak ja i ludzie tacy jak ja utrzymywali teatr? [Zostawia swoją rękę] Czy to wszystko powinno być zapomniane? Człowiek powinien zostać zapomniany? Wiesz, ile razy grałem w teatrze? Wiesz, ile artykułów napisałem? Wiesz, ilu studentów szkoliłem w tych ciemnych, spleśniałych, wąskich studiach? Kim jest ten Hassan Golshan? Więc gdzie jest Baharianin? Siadaj.

Amin siada.

Ale ja nie mam ani chwili spokoju. Moja twarz została uszkodzona pod makijażem. Każdego dnia światło tych projektorów jest w moich oczach wracając wyczerpane pracą w nocy powinnam wpaść w swoją samotność i zadać sobie pytanie, do czego prowadzi mój wysiłek? Mógłbym pojechać do Stanów Zjednoczonych. Moja żona i córka są tam, mógłbym też pojechać tam z chłopcem. Zostałem tutaj, ale oni mnie ignorują. [*pauza*] nie oczekują ode mnie niczego. Teraz na wszystko odnosi się do ciebie. Chodźcie, chodźcie, chodźcie.

Amin siedzi na swoim miejscu i gapi się na Baharianina.
Ciemność

SCENA 7

Pierwszy tydzień lutego 1949 roku. Jest noc. Z kafejki khayam. Ulica jest ciemna. Mahmud Nosrat chce wejść do kawiarni, w której nagle pojawia się Faraj. Faraj włożył ręce do kieszeni płaszcza.

FARAJ
Witaj przyjacielu Nosracie.

NOSRAT
Cześć Faraj. Jak się masz? Co ty tu robisz?

FARAJ
Nic nie chciało cię widzieć.

NOSRAT
Możesz to przełożyć na jutro? Mam teraz spotkanie.

FARAJ
nie ma mowy, przyjacielu Nosrat. To było bardzo ważne...

Wyciąga specjalną linę do uduszenia w mgnieniu oka, idzie za Nosratem, zakłada linę na szyję i naciska ją. Nosrat stara się go powstrzymać z całych sił, ale Faraj jest od niego bardzo silny. Nosrat przestał oddychać i ma zamiar się udusić. Mehrie wchodzi z ich przodu. Ma teczkę w ręku. Ona szokuje oglądając tę scenę. Potem krzyczy cicho. Teczka uwalnia się z jej dłoni. Papiery w niej spadają na ziemię. Faraj dostaje się do niej twarzą w twarz. Nosrat wkłada ostatni wysiłek, ale nie może już oddychać. Faraj zostawia zwłoki Nosratu na ziemi i idzie powoli w kierunku Mehrie. Ucieka w panice. Faraj idzie za nią.
Ciemność.
Światła. Drugie piętro mieszkania. Tam jest dzisiejsza kuchnia. Na środku kuchni znajduje się biurko i dwa krzesła. To piętro w mieszkaniu jest w obecnym czasie zabawy. Amin i Jahanshah Farzin siedzą za biurkiem. Przed każdym z nich znajduje się szklanka herbaty.

AMIN
Teheran. Wywiad z MR z lutego 2005 roku. Jahanshah Farzin, w swojej domowej kuchni. Shemiran.

Odkłada nagrywarkę na stół, do Farzina.

FARZIN
to jest Jahanshah Farzin. Urodziłem się w 1927 roku w Teheranie. Lubiłem partię polityczną w 1944 r. i w 1947 r. rozpocząłem pracę w ojczystej gazecie willowej jako mistrz dystrybucji w miastach wokół Teheranu. Po incydencie z piętnastego lutego 1948 roku, jak większość moich przyjaciół została aresztowana i oskarżona o rok więzienia, wspominając, że niektórzy członkowie partii uciekli z Iranu. Po zwolnieniu z więzienia zaciągnąłem się do centralnej partii politycznej i ponownie zostałem schwytany we wrześniu 1953 roku na sześć lat więzienia. Przydzieliłem pisemną reprymendę i zwolniłem z więzienia w 1958 roku. Całkowicie porzuciłem działalność polityczną i w 1961 roku wstąpiłem na Uniwersytet w Teheranie, gdzie studiowałem chemię.

AMIN
jak powiedziałeś i napisałeś zupełnie sezon o ojczyźnie będzie gazeta w twojej książce pamięci pod nazwą "Lata żalu: od niewoli do wyzwolenia". Wspomniałeś do sztuki tydzień list tam, który był publikowany jako załącznik do ojczyzny będzie gazetę. Chciałem, żeby pan o tym opowiedział.

FARZIN
Tak, myślę, że w latach 1947, 1948, po wyborze Mahmuda Nosrat jako pierwszego sekretarza partii politycznej, w partii rządziła dziwna polityka, która nie była zgodna z celami partii. Na przykład, drukowanie tego tygodniowego listu, o którym mówiłeś. Coś w nim było drukowane, często nie zgadzało się z partyjnymi myślami. Ta sprawa była bardzo delikatna i ten

tygodniowy list był drukowany do czasu, gdy Mahmud Nosrat żył.

AMIN
Czy kiedykolwiek widziałeś ten tygodniowy list?

FARZIN
Tak.

AMIN
rozprowadzał pan ten cotygodniowy list z gazetą?

FARZIN
polityka miała być w pewien sposób ograniczona.

AMIN
Dlaczego?

FARZIN
Powiedziałem, że informacje nie są zgodne z zasadami rządzącymi myśleniem partyjnym. Było to raczej osobiste pragnienie Mahmuda Nosrata.

AMIN
Czytałeś to sam?

FARZIN
Widziałem jego pierwszy numer, ale podkreślał, żeby tego nie czytać.

Ciemność.
Światła. Arax café. Tamtej nocy. Seroj i Golshan siedzą. Kawiarnia jest pusta. Włosy Seroj'a są zwykle białe. Ma w ręku wolumin tygodniowego listu.

SEROJ
Bardzo się cieszę, że znów pracujesz. Wiesz, że ważne jest to, że pracujesz. Yeh sytuacje nie idą w parze z naszym pragnieniem, ale powinniśmy starać się je wymyślać. Informacje z magazynu są naprawdę wyjątkowe. Wiesz, co jest najciekawsze?

GOLSHAN
Co?

SEROJ
ta sprawa, w której tygodniowy list wychodzi z partii, której się nie spodziewamy. Czy wiesz, ile osób w tej kawiarni lubiło być członkiem imprezy po przeczytaniu tego magazynu?

GOLSHAN
Naprawdę? To znaczy, że pracuję na ich benefisie?

SEROJ
Nie mówię tego, ale...

GOLSHAN
ale co?

SEROJ
Przyjął pan to ostre i surowe spojrzenie, jakie pokazała od siebie partia. Różnica jest oczywista nawet w makijażu strony. Ta gazeta "Homeland wills" jest surowa i mechaniczna, ale nie to. Jej mówienie jest racjonalne i logiczne. To nie jest po surowości i przymusie.

GOLSHAN
Starałem się być bezstronny. Powiedziałem Nosratowi, że moje dzieło to sztuka, nie mam żadnych interesów z polityką.

SEROJ
Mam nadzieję, że ta tendencja będzie kontynuowana. Wpadasz do nas nie co jakiś miesiąc, żeby nas zobaczyć wcześniej.

GOLSHAN
Mam dziś wieczorem spotkanie z facetem, który musi się pojawić w tych chwilach.

SEROJ
oh, więc masz randkę, która mi przypomniała.

GOLSHAN
Chciałem zabić dwie pieczenie na jednym ogniu...

Głos dzwonka. Wchodzi Ahmad Lankarani.

To on. Przybył.

Ahmad Lankarani podaje mu rękę.

LANKARANI
Cześć MR. Golshan.

GOLSHAN
Witam. Przyszedłeś na czas. Przedstawiam ci Seroja, mojego przyjaciela pisarza sztuk, Ahmada Lankaraniego.

SEROJ
Cieszę się, że cię poznałem. Nie widziałem tego rezonansu. Golshan przyjmuje kogokolwiek na boisku do pisania w Iranie!

LANKARANI
on ma przysługę.

GOLSHAN
Nie robię nikomu przysługi. Powiedziałem prawdę.

SEROJ
Tu jesteś. Tu jesteś. Idę przynieść kawę.

GOLSHAN
Ok, idź i przyjdź wkrótce mam z tobą interesy.

Seroj wychodzi.

Dobrze panie Lankarani. [*wyjmuje paczkę ze swojej torby, w której jest gra i kładzie ją na stole*]

Czytałem twoją sztukę. Jak to powiedzieć... Wcale się tego nie spodziewałem. Gratuluję ci. Nie znam takich sztuk, które potrafią wyrazić swoje czyste uczucia i podążać za sercem czytelników do siebie. Zrobiłeś to z mojego punktu widzenia. Przynajmniej dla mnie. To jest osobiste pytanie, ale chcę wiedzieć, ile masz lat?

LANKARANI
Pójdę do 25 lutego piętnastego.

GOLSHAN
mimo że twoja twarz jest starsza, ale bardzo młoda. Jeśli będziesz kontynuował tę drogę i będziesz miał szczęście, możesz mieć wspaniałą przyszłość.

LANKARANI
Cieszę się, że ta sztuka mogła cię pochłonąć.

GOLSHAN
Ile lat piszesz? Oczywiście, że wiem, że to nie jest dobre pytanie.

LANKARANI
to jest siedem osiem lat. Na początku pisałem opowiadanie, a teraz tylko gram.

Seroj wraca z dwoma szklankami kawy. Założył płaszcz, założył tłumik i kapelusz.

GOLSHAN
zakładając tłumik, dokąd idziesz?

Seroj położył kawę na stole.

SEROJ
Muszę iść. Oczywiście, że zaraz wracam. Gdybyś miał jakąś pracę, poproś Armine'a.

GOLSHAN
Ja też chciałem, żebyś tu był.

SEROJ
Wiem. Ale ja mam ważną pracę. MR. Lankarani, miło mi.

Podaje rękę Lankarani.

[*do Golshana*] do zobaczenia.

GOLSHAN
Racja. Ale chciałbym, żebyś został.

SEROJ
Podobało mi się, ale cóż... do zobaczenia.

Seroj uśmiecha się do Lankarani i wychodzi.

GOLSHAN
to dwadzieścia lat znam tego Seroja. Jest wielkim architektem. Dobrze rozumie też teatr. Jego ojciec był jednym ze starych artystów teatralnych. To jego ojciec sprowadził mnie do tej pracy. Wielki Avakian.

LANKARANI
Przepraszam, panie Golshan, nie powiedział mi pan, czy można opublikować tę sztukę, czy nie?

GOLSHAN
Tak, tak. Ale naszym problemem jest jego rozmiar. Jeśli chcemy to opublikować w magazynie, powinniśmy zignorować inne tematy. Wtedy pomyślałem, że możemy opublikować każdy odcinek w osobnym numerze i uznać twoją sztukę za przywłaszczoną. Cała jej dobroć ma być wydrukowana w całości.

LANKARNI
więc nie opublikujesz go?

GOLSHAN
Nie powiedziałem tego. Powiedziałem, że nie ma na to miejsca w magazynie. Nie chciałem tego publikować.

LANKARANI
więc co masz na myśli?

GOLSHAN
Pomyślałem, że w tym nowym numerze możemy opublikować sztukę jako osobny załącznik. W każdym razie, nie zrobiliśmy tego do tej pory.

LANKARANI
tak wspaniale by było, gdyby to się udało.

GOLSHAN
Nawet myślę o jej występie.

LANKARANI
Chodzi ci o to, że czy może tak być na scenie? Nie ma problemu?

Światło z kawiarni, rozjaśnia drzwi wejściowe. Mehrie wchodzi do światła zaalarmowany. Jest bardzo chwiejna. Chce wejść, żeby Golshan ją zobaczył. Patrzy na nią z tyłu, zamiast wejść do kawiarni, ucieka i wychodzi ze światła. Światło zapala się.

GOLSHAN
nie ma żadnej sztuki do dokończenia od samego początku. Są pewne miejsca, które powinny zostać zmienione lub zreformowane. Oczywiście bardzo niewiele.

LANKARANI
Załatw to w razie potrzeby.

GOLSHAN
[*wyciąga sztukę z kieszeni*] kilka notatek, które przyszły mi do głowy czytając je po raz drugi, zapisałem je, nieźle, żeby na nie spojrzeć.

Lankarani zaczyna odwracać liść.

[*Golshan wyjmuje z torby kopię mewy*] Czytałeś kiedyś tę sztukę?

LANKARANI
Mewa? Nie...

GOLSHAN
Chyba tak bardzo ci pomagam.

Ciemność.
Jasne. Mieszkanie Farzina.

AMIN
Hassan Golshan był szefem tego tygodniowego listu. Widziałeś go, jak przychodził i szedł do biura gazety?

FARZIN
Tak. Widziałem go kilka razy w biurze prasowym. Był skromnym, skromnym człowiekiem. Zakładał grube czarne okulary i zawsze miał na sobie brązowy płaszcz.

AMIN
Czy kiedykolwiek z nim rozmawiałaś?

FARZIN
Nie. Tylko zwykłe powitanie. Nie przemieszał się zbytnio z innymi próbuje się nie pokazywać. Mówiono, że studiował teatr w Rosji i jest reżyserem.

AMIN
w pismach Golshana jest mowa o tym, że całkowicie nie zgadzał się z partią polityczną i nie miał żadnego interesu w tych działaniach. Pytanie brzmi, jak on wszedł do tej historii?

FARZIN
Nie wiem, jak bardzo interesował się partią, ale mogę wam odpowiedzieć w ten sposób, wiele osób dołączyło do partii politycznej, która nie była tak harmonijna z ich ideologią. Na przykład wierzą w niektóre części haseł partyjnych.

Ciemność.
Światła. Kilka dni później. Biuro Sadegh. Jego głowa jest w bandażu. Rozciągnął nogę na stole. Zdjęcie Nosratu jest na stole. Głos z drzwi pokoju.

SADEGH
Tak?

Sadegh się zagęszcza. Mehrie wchodzi. Ma w ręku gazetę.

Tutaj jesteś?

MEHRIE
Pan Yosef Sadegh?

SADEGH
Pani Eghbal?

MEHRIE
Tak, to ja.

Sadegh wstaje od stołu.

SADEGH
Proszę usiąść.

Mehrie jest trochę zmęczona, porusza się powoli i siedzi na krześle.

Miło było cię poznać.

Mehrie patrzy na zdjęcie Nosrat.

Utrata Mahmuda była naprawdę wielką tragedią. Kiedy rządy tracą swoją tolerancję zaczyna zabijać było tak szczęśliwe, że żył. Jakieś ciało mnie zaatakowało, ale ludzie mnie uratowali. Z tymi szczegółowymi relacjami wydaje się, że powinniśmy zmienić naszą procedurę. [Siada za biurkiem] Niestety, publikacja gazet została wstrzymana z powodu problemów, dziś opublikowaliśmy nasz pierwszy numer. Myślą, że mogą nam zaszkodzić w naszej działalności. Nie wiedzą, że wola ojczyzny jest wytrwała w zmianie sytuacji i sposób, w jaki ludzie tacy jak Nosrat nadal chcą do ciebie dzwonić, ale nie miałem twojego adresu. Tak miło, że sam przyszedłeś. Ułatwiło nam to biznes. Wprawdzie przyjaciel Nosrat już nie żyje, ale nadal możesz kontynuować swoją pracę i od tej pory jestem twoim mediatorem w gazecie. Nic się nie zmieniło z przeszłością.

Cisza.

Przepraszam, pani Eghbal. Coś nie tak? Jakaś rzecz się wydarzyła, że mnie nie znasz? Możesz na mnie liczyć.

MEHRIE
Widziałem mordercę pana Nosrat tamtej nocy.

Cisza.

SADEGH
Co? Widział pan mordercę przyjaciela Nosrat? Byłeś tam?

MEHRIE
Tej nocy... przed kawiarnią khayam... miałem... dać Nosratowi... tłumaczenie... Widziałem jego mordercę... Widziałem jak udusił Nosrat... Widziałem... widziałem...

SADEGH
Widziałeś też jego twarz?

MEHRIE
Tak.

SADEGH
Możesz go zidentyfikować?

MEHRIE
Tak. Jego twarz jest przed moimi oczami.

SADEGH
Jak on wyglądał?

MEHRIE
był łysym człowiekiem z grubymi wąsami.

Ręce Mehrie się trzęsą. Sadegh daje jej szklankę wody.

SADEGH
Uspokój się pani Eghbal. Niech się pani nie martwi. Twoja w bezpiecznym miejscu.

Mehrie pije wodę. Sadegh zapala papierosa, podczas gdy on wydaje się być ponury. Cisza.

Mogę cię o coś zapytać?

Mehrie potwierdza z głową.

Czy może pan również zeznawać w imieniu centralnej komisji partii politycznej? To bardzo ważne, żebyśmy znaleźli jego mordercę.

Mehrie podnosi głowę i patrzy na Sadegh.
Ciemność.
Światła. Mieszkanie Farzina.

FARZIN
W Iranie panowała wówczas szczególna sytuacja, taka jak okupacja przez obce kraje, brak bezpieczeństwa, zastój w biznesie, ekspansja i inne tysiące problemów, które spowodowały, że ludzie dołączyli do partii z jej atrakcyjną gadaniną. Ale polityka dyktowana była spoza Iranu, niezależnie od jego członków. To oni byli decydentami politycznymi. Jeśli zgodziliby się z rządem w tym miejscu, partia przestałaby walczyć, a to tylko wykrzykiwałaby slogan. Ale jeśli było wręcz przeciwnie, partia miała walczyć i dawać ofiary. Ofiarami byli niewinni faceci, którzy chcieli reformować wszystko z czystym sercem i zapewnić lepszą sytuację tego kraju. Incydent z piętnastego lutego 1948 roku drogo zapłacił za to przestępstwo. Wydarzenie, które nadal uważam za intrygę mającą na celu rozbicie partii politycznej. To był okres oskarżania. Nikt nie wziął na siebie odpowiedzialności za jego czyn. Wracając do tych lat, może nigdy nie zaangażowałbym się w ich grę. Odchodzę od siebie po więzieniu, tak że wybrałem pole nieistotne dla mojego interesu. Tak naprawdę chciałem uciec od siebie.

Ciemność.
Światła. Piwnica domu Golshanów. Wieczór tego samego dnia. Golshan zabrał z trumny stare urządzenia do zabawy i patrzy na nie. Nie nosił okularów. Mehrie wchodzi po jakimś czasie.

MEHRIE
Witam. Opiekowałem się tobą wszędzie. Co ty tu robisz?

GOLSHAN
Nic ci nie jest? Gdzie byłeś?

MEHRIE
Madame Azize przyszła do mnie w południe i powiedziała, że ciotka czuje się bardzo źle. Chce się ze mną zobaczyć. Poszedłem się z nią zobaczyć.

GOLSHAN
Jaka była?

MEHRIE
nie miała za dużo do roboty.

GOLSHAN
Zobacz. [*dotyczy jego pracy*]

MEHRIE
Co ty robisz?

GOLSHAN
nic, czego bym nie szukał w teatrze. Pamiętasz to?

MEHRIE
[*z uśmiechem*] tak. To była tkanina Niny.

GOLSHAN
To jest rura SHAMRIFE. Niech Bóg błogosławi Hakhbandiana.

MEHRIE
Biedny Hakhbandian. Dlaczego je odwołałeś?

GOLSHAN
[*wstaje, zamyka drzwi trumien i siada na nich*] Chodź tu usiąść.

Mehrie siedzi obok trumny.

Mehrie, chcę znowu grać w teatrze!

MEHRIE
Teatr?

GOLSHAN
Tak.

MEHRIE
Który teatr?

GOLSHAN
Siadajcie.

Mehrie siedzi na trumnie.

Młody chłopak przyszedł do biura magazynu w zeszłym tygodniu. Nazywa się Ahmad Lankarani. Był tak dobry, że przywiódł mnie do ponownego zagrania w teatrze. Długo nie czytałem tego pisma. Szczerze mówiąc, nie czytałem nic takiego po persku. To bardzo utalentowany chłopak. Potrzebuje tylko kogoś, kto mu pomoże. Dałem mu sztukę do składu. Jest teraz w domowym druku.

MEHRIE
Dlaczego jeszcze nie powiedziałeś?

GOLSHAN
czy ta bufonada pozwala nam być świadomym? Nosrat też nie żyje. Czekam tylko, aż ten numer zostanie opublikowany. Mam decyzję.

MEHRIE
Jaka decyzja?

GOLSHAN
Chcę złożyć rezygnację.

Mehrie nie mówi.

Jaka jest twoja opinia?

MEHRIE
Jeśli uważasz, że nie możesz kontynuować tej sytuacji, którą mi powiedziałeś, lepiej zrezygnuj.

GOLSHAN
na pewno to zrobię. Ten chłopak sprawił, że mam łaskotki na różowo.

Mehrie wstaje i chce iść.

Mehrie? Jest taka rola w sztuce, że tylko ty możesz ją zagrać.

MEHRIE
Myślisz, że mogę jeszcze odegrać rolę?

GOLSHAN
Jesteś dobrą aktorką.

MEHRIE
Wiem, wiem.

Ciemność.
Światła. Mieszkanie Farzina. Stoi przed oknem i patrzy na zewnątrz.

FARZIN
żałować... żałować pana Parsa. Zmarnowałem czternaście lat mojego życia na coś, co dzisiaj wydaje mi się, że to było tylko piękne oszustwo. Kiedy człowiek popełni ten wielki błąd, to będzie trwał jakiś czas, aby się z nim pogodzić. Będziesz się obwiniał dzień i noc. Dużo się targowałem, żeby napisać moje gorzkie przygody. Wiesz, że to trudne zadanie. Pamiętanie o tych wszystkich błędach i wspomnieniach to trudna praca. Ale o ile gorzkie, znowu daje łaskę człowiekowi i może odkryć rzeczywistość, która przez długie lata ukrywała się w sercach. MR. Parsa, mój młody przyjacielu, straciliśmy tak wielu utalentowanych ludzi. Nie wiem już, czy jego nazwa jest sloganem, czy nie, ale od pewnego czasu można oświetlić odległą wioskę za pomocą lampy i sznurków z drutu. Rzecz, której ja i moi przyjaciele nie rozumieliśmy w młodości.

Amin patrzy na Farzina. Cisza. Wisi walkman. Ciemność.
Światła. Centralne biuro komitetu partyjnego. Biurko w kształcie prostokąta jest na scenie poziomo. Przed nami siedzi trzech przedstawicieli komitetu partyjnego, Mehrie wrócił do nas, a Sadegh jest w rogu biurka.

PIERWSZY PRZEDSTAWICIEL
Jesteś pewien?

MEHRIE
Tak.

DRUGI PRZEDSTAWICIEL
Czy jest pan pewien, że był pan świadkiem zamordowania pierwszego szefa partii, błogosławionego przyjaciela pamięci Mahmuda Nosrata w nocy z piątego lutego 1947 roku?

MEHRIE
Tak.

TRZECI PRZEDSTAWICIEL
możesz zidentyfikować dla nas twarz mordercy?

MEHRIE
Tak.

PIERWSZY PRZEDSTAWICIEL
Powiedziałbyś, że powód, dla którego przyjechałeś tam tej szczególnej nocy?

Mehrie patrzy na Sadegh. Potwierdza głową.

MEHRIE
Cóż, ja... tłumaczyłem na MR. Nosrat.

PIERWSZY PRZEDSTAWICIEL
tłumaczenie?

DRUGI PRZEDSTAWICIEL
Jakiego rodzaju tłumaczenie?

TRZECI PRZEDSTAWICIEL
z jakiego języka?

MEHRIE
Tłumaczyłem tematy, które podawał mi pan Nosrat z francuskiego.

PIERWSZY PRZEDSTAWICIEL
Jakie informacje?

DRUGI PRZEDSTAWICIEL
gdzie publikowali?

TRZECI PRZEDSTAWICIEL
Jaka była jego funkcja?

MEHRIE
różne informacje o związku radzieckim, partii politycznej i niektórych tematach teatralnych.

PIERWSZY PRZEDSTAWICIEL
Dałeś mnie zamiast tego?

MEHRIE
Tak.

DRUGI PRZEDSTAWICIEL
Nie powiedziałeś, gdzie publikowali?

MEHRIE
w gazecie "The Will of Homeland".

TRZECI PRZEDSTAWICIEL
Czy ta informacja, którą przynosisz przyjacielowi Nosrat, dotyczyła tych tematów?

MEHRIE
[*pauza*] tak.

PIERWSZY PRZEDSTAWICIEL
Jaki był twój stosunek pani Eghbal do przyjaciela Nosrat?

MEHRIE
Nie miałam z nim żadnego związku, tylko tłumaczyłam.

DRUGI PRZEDSTAWICIEL
Nie wiedziałeś, że ostatnio się w nim zmieniasz?

MEHRIE
Nie.

TRZECI PRZEDSTAWICIEL

Ile razy w tygodniu umawiałeś się z kimś?

MEHRIE
kiedy prace były wysokie raz w tygodniu. Ale trochę czasu co kilka tygodni.

PIERWSZY PRZEDSTAWICIEL
Ilu innych ludzi wiedziało o tym związku?

MEHRIE
nikt poza panem Sadegh i panem Molkarą.

DRUGI PRZEDSTAWICIEL
Powiedziałeś komuś jeszcze o nocy morderstwa?

MEHRIE
Powiedziałem panu Sadeghowi.

TRZECI PRZEDSTAWICIEL
oprócz niego?

MEHRIE
Nie.

PIERWSZY PRZEDSTAWICIEL
Czy przysięgasz, że wszystkie twoje słowa są słuszne?

MEHRIE
Tak.

DRUGI PRZEDSTAWICIEL
Czy to jest tłumaczenie, które powinieneś mu dostarczyć ostatniej nocy?

TRZECI PRZEDSTAWICIEL
Jesteś pewien, że to tłumaczenie jest w kierunku zakończenia naszej imprezy?

W międzyczasie Sadegh zaczyna otwierać bandaż na głowę. Jego głowa jest całkowicie zdrowa. Mehrie dziwnie na niego patrzy.

PIERWSZY PRZEDSTAWICIEL
Niestety nie był pan z nami szczery, panie Mehrie Eghbal, małżonku Hassana Golshana.

Szok Mehrie.

DRUGI PRZEDSTAWICIEL
byłeś odpowiedzialny za poinformowanie nas o procedurze zmiany Nosratu. Jesteś oskarżony o współpracę z nim. Zdradziłeś partię.

TRZECI PRZEDSTAWICIEL
a trzecie przestępstwo to oglądanie czegoś, czego nie powinieneś.

PIERWSZY PRZEDSTAWICIEL
Naprawdę jest nam ciebie przykro.

Faraj wchodzi od lewej. Wszyscy oprócz Mehrie wstają z miejsca. On ma tę linę, która zabiła Nosrat. Faraj zbliża się do Mehrie krok po kroku.
Ciemność

SCENA 8

W zeszłym tygodniu lutego 2005 roku. Zatłoczona restauracja kawiarniana. Głos tłumu jest słyszalny z efektem. Amin i Negar siedzą za dwuosobowym stołem. Na środku stołu znajduje się małe ciasteczko z dwiema świeczkami na nim z numerem 27. Amin puka świecę, a Negar nagrywa z niego film.

NEGAR
Dzisiaj trzydziestego lutego 2005 roku... jesteśmy w restauracji Amin favorable. To piąte urodziny bycia ze sobą. [*do Amina*] uśmiechnij się Amina!

AMIN
Co to za gadanie?

NEGAR
mówiąc im, że mają być zapisane w historii. Uśmiechnij się...

Amin się uśmiecha.

I co teraz?

AMIN
ciastko?

NEGAR
Nie, przegrałeś, prezent! [*wyłącza kamerę wideo i wkłada ją do torby, daje mu prezent od Amina*]

AMIN
Co pan kupił? Co jest w tym takiego ciężkiego?

NEGAR
Otwórz to.

AMIN
Zrozumiałem. [*otwiera dar, bardzo stary i wielki piaskowy zegar, piaski zegara są zbierane na jedną stronę.] [Do Negara*] Negar, co ty zrobiłeś? To jest... bardzo... bardzo... nie wiem co powiedzieć, tak bardzo... Od dzieciństwa interesowałem się piaskowym zegarem. Był jeden w domu syna naszych sąsiadów, z którym bawiłem się w chytrego, gdy tam szedłem.

NEGAR
To dlatego pieściłeś się z zegarem z piaskiem w jadalni, kiedy tylko przyszedłeś do domu wuja Sassana?

AMIN
Tak, zgadza się. Czy to nie ten zegar?

NEGAR
Nie, to był prezent ślubny wujka Sassana podarowany przez ojca.

AMIN
to musiało być tak cenne.

NEGAR
Tak. Te zegary są bardzo drogie. Ale wujek Sassan zawsze mówi, że ten zegar nie był dla niego pomyślny, ponieważ jego żona odeszła od niej po dwóch latach.

AMIN
może jego wybór był zły. Nie związane z zegarem.

NEGAR
Tak, to prawda, ale on wciąż ma tendencję do wyobrażania sobie tego w ten sposób.

AMIN
dlaczego nie wyrzucił go na zewnątrz, nie będąc dobrym człowiekiem?

NEGAR
zawsze mówi, że choć nie zrobiło mu to fortuny, to przy każdym spojrzeniu na nią pamięta swoją żonę, Mahbube'a.

Cisza. Amin patrzy na zegar z piaskiem.

AMIN
Zawsze lubiłem dotykać tych piasków..,

NEGAR
Pewnego razu był zepsuty zegar w towarach ojca pochodzących z Niemiec. Zatrzymałem jego piaski. Jeśli upuścisz trochę na dłoń i odłożysz je, pomyślisz, że ruszasz się sto sekund w twoim wieku. Wtedy chcesz wcisnąć gardło zegara z piaskiem, żeby zamknąć jego właz, a czas nie minie i wszystko będzie dobrze. Ale niestety jest to niemożliwe. Wszystko się zmienia. [Wyciąga *rękę i podnosi zegar*] Czas mija, a my powinniśmy przejść. Nie możemy czekać na wieczne wyznaczanie czasu i oczekiwać, że inni będą mieli tyle tolerancji i wyrozumiałości. Wszystko zaczyna się za chwilę, zmienia się i kończy. Chwila prawa jest na wielkości jednego z tych ziaren piasku. Jedno z tych ziaren, którego nie czujesz jak w zegarku. Ale kiedy się złamie, zobaczysz, jak bardzo wrażliwe, delikatne i delikatne jest to jedno ziarno i zagubi się w powietrzu. Dla mnie każdy z nas ma w sercu zegar z piaskiem, że powinniśmy tak bardzo dbać o to, aby go nie złamać, bo jeśli tak, to [*ma grudę w gardle*] szczęśliwych urodzin.

Cisza. Negar powoli wyjmuje pierścień i kładzie go na stole. Amin chce coś powiedzieć, ale coś przeszkadza mu od środka. Patrzy na Negara. Podnosi swoją torbę i wychodzi. Ciemność

SCENA 9

Dom Hassana Golshana. Febraurary seventhenth z 1948.Scena jest ciemna. Głos bicia drzwi.

FARA
Panie Golshan! Panie Golshan!

Jakieś inne pukanie. Potem głos otwierania drzwi.

Panie Golshan, panie Golshan, czy mogę wejść do pana w czapce, na litość boską?

GOLSHAN

Co się stało, Faraj?

FARAJ

Pozwól mi wejść, powiem ci.

GOLSHAN

Wejdź do środka...

Światła. Stół z dwoma krzesłami na środku sceny. Na stole jest zdjęcie małżeństwa Golshan i Mehrie. Faraj i Mehrie wchodzą. Faraj ma w ręku małą torbę. Golshan jest nieporządny. Wygląda na to, że nie spał kilka dni, a jego włosy nie są ścięte.

GOLSHAN
Siadaj. Uspokój się.

Faraj siada za biurkiem w sposób, który widzi z tyłu zdjęcia.

kładzie torbę na stole.

FARAJ
Sir, stajemy się nędzni. Słyszałeś, że ogłosili nielegalne przyjęcie? Tacy skneruscy podłożyli pod nasze drzwi zabójstwo króla. Łapią wszystkich jeden po drugim. Na tych, którzy mogli uciec. Przepraszam sir, nie było innego miejsca. Nie ma bezpiecznego miejsca w tym cholernym mieście.

GOLSHAN
Uspokój się. Masz wieści od Sadegh?

FARAJ
Nie tylko słyszałem, że uciekł. Mówi się, że poszedł w stronę granicy Związku Radzieckiego. Ukrywałem się w toalecie kina diamentowego od wczoraj. Mój przyjaciel jest tam projekciarzem.

GOLSHAN
Zjadłeś coś?

FARAJ
Nie sir, to wejście uczyniło mnie wdzięcznym sir. Mam zamiar jechać na północ, wśród liczących się dywanów i dywanów o świcie. Potem pójdę do Boaco.

GOLSHAN
Siadaj. Wrócę teraz.

Golshan wychodzi. Faraj jest niespokojny. Stoi w górze, idzie. Nagle patrzy na kadr. Jest zszokowany. Potem go podnosi. Patrzy na zdjęcie. Upada na krzesło i kładzie je na stole. Golshan wraca z tacą z miską zupy, kawałkiem chleba i szklanką wody.

FARAJ
Czy to pańskie zdjęcie małżeńskie, sir?

GOLSHAN
Tak, to moja żona, Mehrie. Sześć dni wyszła na zewnątrz i jeszcze nie wróciła. Szukałem wszędzie. Wezwałem policję, przeszukałem wszystkie szpitale, a nie wieści od niej. Nie wiem, co się z nią stało.

Ustawia tacę na stole i siedzi obok Faraja.

Jedzcie, bo inaczej będzie zimno.

FARAJ
[Zjada nerwowo kilka łyżek zupy, a potem trzepie kawałek chleba w ustach.] Morsel utknął mu w gardle. [Wziął szklankę i wypił ją jednym tchem] Przepraszam pana, jakbym nie mógł nic przełknąć. Ten zapach z toalety pozostał mi w nosie od wczoraj.

GOLSHAN
Nie bierz tego na poważnie. Zrób sobie przerwę, wszystko będzie dobrze. Chodź, założę twój materac w tym pokoju.

FARAJ
Ok, sir.

Oboje wstać. Faraj podnosi torbę i wychodzi za Golshana ze sceny. Światło sceny rozpuszcza się i zamienia w białe światło ukazujące świt. Faraj wchodzi. Ogolił włosy i wąsy. Wyciąga papier z kieszeni płaszcza i kładzie go obok obrazu, a następnie wychodzi.
Ciemność.
Światła. Arax café. W południe tego samego dnia. Armine i Golshan siedzą za biurkiem. Nie ma nikogo w kawiarni.

ARMINA
Przez jaki dokument jest pan pewien, że została zabita? Dlaczego została zabita? Co wtedy zrobiła?

Golshan wyjmuje papier Faraja z kieszeni płaszcza i daje go Armine'owi.

Co to jest?

GOLSHAN
Przeczytaj to.

Armine czyta list. Słyszymy głos Faraja.

FARAJ VOICE
Panie Golshan, oni zabili pańską żonę. Widziała morderstwo Nosrat? To dlatego Sadegh ją zabiła, bo widziała coś, czego nie powinna była mieć. Pochowali jej zwłoki w Abbas Abad Hills.

ARMINA
[*Zdziwiony*] Kto to napisał?

GOLSHAN
nieważne. Ważne, że napisała coś, czego nie jestem świadomy. Co tu się dzieje Armine? Dlaczego Mehrie miałby widzieć zabójstwo Nosrat? Jaki związek miał z nim Mehrie? Co tu się dzieje? Co tu się dzieje, że nie znam Armine'a?

Cisza.

Powiedz to... powiedz to... powiedz to... na Boga... ta, która już nie żyje...

Cisza.

ARMINA
Po incydencie w budynku teatru... miałeś niskie morale... Mehrie nie dawał pieniędzy od swojej ciotki... zostawił jej pracę... tak bardzo się nad tobą zastanawiała... pewnego dnia przyszła i powiedziała mi, czy znasz kogoś, kto może znaleźć pracę dla Hassana? Przedstawiłam jej Mahmuda Nosrata, ponieważ miał wtedy powiązania w banku... zatrudniałaś... Mehrie tłumaczył zamiast tego... tylko to...

GOLSHAN
więc Mehrie wytrwałość dla mojej pracy w magazynie...

ARMINA
Nic więcej nie wiem. To był rok, w którym Mehrie przychodził do mnie mniej.

GOLSHAN
ale zawsze mówiła, że chce cię widzieć wychodzącego z domu.

Cisza. Golshan jest złamany i zapędzony do kończyn, wstaje i chce iść. Armine wstaje z jej miejsca.

ARMINA
Hassan...

Golshan się zatrzymuje.

To była rzecz tak cenna dla mnie przez te wszystkie lata, że znałem Mehrie. Zakochała się w tobie i zrobiła dla ciebie wszystko...

Armine wychodzi ze sceny. Wszystkie urządzenia są zdejmowane ze sceny. Bagaż i trochę materiału na środku sceny. Golshan siada i zaczyna zbierać urządzenia. Tymczasem Seroj, Armine, Hakhbandian i inni aktorzy mewy w akcie wchodzą. Mehrie jest ostatnim, który wchodzi i stoi na środku sceny. Golshan wkłada do torby ostatnie urządzenie, a następnie odkłada okulary i wkłada je do bagażu. Wstaje, idzie i stoi przed Mehrie. Scena zamienia się w ostatnią czternastą scenę aktu pierwszego.

GOLSHAN
Oh Nina... Przeklinałam cię, nienawidziłam, podrywałam twoje listy i zdjęcia - ale wiedziałam cały czas, że jestem twoim sercem i duszą i na zawsze. Nie mogę przestać cię kochać, cokolwiek zrobię. Odkąd cię straciłam, moje życie było nie do zniesienia - czułam się tak nieszczęśliwa, jakby moja młodość została nagle odebrana. Mówię twoje imię - całuję ziemię, po której chodziłeś - widzę twoją twarz, gdziekolwiek się udaję, tę słodką twarz, która uśmiechnęła się do mnie, kiedy życie już nigdy nie będzie tak dobre.

ARMINA
Myślę, że to jedna z najlepszych scen tej sztuki.

SEROJ
Zgadzam się z tobą całkowicie.

MEHRIE
Dlaczego mówisz w ten sposób? Dlaczego tak mówisz?

GOLSHAN
[*w roli Konstantina*] Jestem sama, nie mam ochoty się ogrzać, czuję się zimna jak w lochu - a wszystko co piszę jest bez życia - stęchłe i ponure - zostań tu ze mną, Nina, proszę, proszę, zostań - albo pozwól mi odejść z tobą!

Wszyscy inni zaczynają klaskać. Potem zgłoś się i pogratuluj

Mehrie i Golshanowi.

HAKHBANDIAN
Przypuszczam, że będziemy mieli bardzo miłe zagranie.

GOLSHAN
Dziękuję. Mam taką nadzieję.

SEROJ
Tak, dlaczego tak nie jest?

HAKHBANDIAN
Naprawdę? Dlaczego nie!

ARMINA
Mehrie, świetnie grasz.

MEHRIE
Dzięki... dzięki.

SEROJ
Cóż, powinniśmy pójść trochę wcześniej tej nocy. Czy nie powinniśmy Armine?

ARMINA
Yeah yeah.

MEHRIE
Ja też spiętrzę swoje instrumenty i przyjdę.

SEROJ
Nie Mehrie, powinniśmy iść do domu wujka Hakhbanda, prawda?

HAKHBANDIAN
Nie, nie byliśmy umówieni...

ARMINA
Zapomniałeś, wujku?

HAKHBANDIAN
O? tak, tak, tak... Nie pamiętałem tak...

MEHRIE
Dobrze.

SEROJ
Więc zobaczę cię...

GOLSHAN
Drogi Seroj, nie zapomnij, że jutro o tej porze jest ostatnia próba, ha?

SEROJ
Tak, pamiętamy.

Oni porzucają scenę z innymi. Zostają tylko Mehrie i Golshan.

Obaj zaczynają zbierać swoje instrumenty.

GOLSHAN
Pani Eghbal, mogę się wyspowiadać?

MEHRIE
Jakie wyznanie?

GOLSHAN
Nie sądziłem, że można sprawić, że Nina znów będzie żyła.

MEHRIE
Cieszę się, że tak myślisz.

GOLSHAN
Nie stoję na ceremonii do nikogo.

MEHRIE
Znalazłeś swoją drogę wiedząc, dokąd zmierzasz. Ale nadal tonę w zamieszkach moich marzeń i wyobrażeń. Nie mam wiary i nie znam swojego zawodu.

GOLSHAN
Przyjdź i zobacz, jak zostanę wspaniałą aktorką, obiecujesz?

MEHRIE
Obiecujesz?

GOLSHAN
Obiecuję ci, że nie utoniesz w moich wymarzonych zamieszkach tak bardzo, by patrzeć na twoje aktorstwo.

MEHRIE
Posiadanie małej roli w niepokojących snach nie jest czymś, co chcę podróżować dla jej dobra.

GOLSHAN
Nikt nie napisał małej roli na długą podróż.

MEHRIE
Warunkiem długiej podróży jest wiara.

GOLSHAN
Wiara i miłość.

Oboje patrzą na siebie.
Ciemność
Koniec aktu trzeciego

Akt czwarty

Leaning Against Gloomy Wall

SCENA 1

Z budynku teatru widzianego w drugim akcie nie pozostało nic poza jednym piętrem. Cztery pręty kraty i piętro wyżej od powierzchni sceny. Pozostałe żebra można pominąć. Oto salon Shirvali Khan Salarvand. Rasht. [35] *Jednoosobowa sofa na środku sceny i dwie kanapy męskie po lewej stronie. Na jednoosobowej sofie znajduje się poduszka. Z przodu wazon z kwiatami. Po prawej stronie sceny jest miejsce na wchodzenie i wychodzenie. Pęknięcie świtu, jest niedaleko Norooz.* [36] *To był lekki deszcz.*[37] *Poone sługa domu wchodzi. Ma niebieski, szeroki szalik*[38] *na głowie. Niebieską koszulę z zielonymi kwiatami i niebieską spódnicę z białymi kwiatami. Ma prawie dwadzieścia lat. Nucą piosenkę. Na początku otwiera okno i słyszymy śpiew ptaków. Wkłada chusteczkę na rączki kanapy. Wchodzi Golagha. Ma biało-czarną kamizelkę i czarną spodnie. Ma też na sobie kapelusz kierowcy. Prawie trzydzieści. Dwa duże tosty z chleba sangakowego w jego dłoni.*

GOLAGHA
Dobra robota! Pojechałeś na kurort letni?

POONE
A teraz, będąc w kwaterze zimowej, jakieś zastrzeżenia?

---

[35] Miasto na północy Iranu, w prowincji Gilan.
[36] Święto Nowego Roku
[37] Mżawka, mżawka
[38] Zwykle wykonane z białego muślina używanego do zasłaniania włosów kobiety.

GOLAGHA
Czy to w miejsce powitania?

POONE
Mój język nie obraca się rano, by przywitać się z Gholagą.

GOLAGHA
Dobra robota. Nigdy się nie przywitasz.

POONE
Wow... nie wiedziałem, że jesteś domownikiem przez te trzy cztery dni.

GHOLAGHA
Nie! Zostajesz kierowcą rezonansu magnetycznego.

POONE
Jak ci pasuje kapelusz Noorodina! W końcu go ścięli i zabrali mu kapelusz!

GOLAGHA
Kobieto, rezonans magnetyczny sam wyrzucił tego niezdarnego, niezdarnego mężczyznę.

POONE
Ty samotny człowieku, przynajmniej współczułeś żonie i dzieciom.

GOLAGHA
Użądlenie przez węża, do cholery, bycie kierowcą musi wiedzieć.

POONE
Którego nie masz.

GOLAGHA
Mam ją ładną. Przestań się wygłupiać. Czy śniadanie z MR. jest gotowe?

POONE
To była jego woda, ziarno czeka teraz na chleb. [39]

GOLAGHA
Pewnego dnia rezonans magnetyczny obetnie ci język, rzucając obok Noorodina.

Poone smiles. Śpiewa pod nosem i kontynuuje swoją pracę. Golagha wyjmuje mały cukiereczek z kieszeni i daje jej.

POONE
Więc co to jest?

GOLAGHA
Zjedz to.

POONE
Czy może mieć w sobie kamień?

---

[39] To zdanie jest swego rodzaju sarkazmem.

GOLAGHA
Zjedz to tak...

Poone ostrożnie wkłada go do ust.

POONE
Pyszne.

GOLAGHA
Uważaj, żeby nie powiedzieć tego przed MR.

POONE
Dlaczego? Może być jego...

GOLAGHA
On jest tym Ghelighiem. Mający dwa targi otwarcia przed sklepem MR.

POONE
Niebo zabrania.

GOLAGHA
Jego cukierki są albo tańsze, albo smaczniejsze.

POONE
Więc spowodowało to naszą ruinę.

GOLAGHA
MR. chodzi w swoim pokoju od wczoraj i przeklina. Bóg wie, co on zamierza zrobić?

SHIRVALI KHAN
Golagha! Gdzie jesteś, mały człowieczku?

GOLAGHA
Boże niebiosa.

Golagha chce wyjść, że zderza się z Ardeshirem. Jest dwudziestopięcioletnim chłopcem z długimi i trochę blond włosami, i gęstymi wąsami. Jest w siwych spodniach i białej koszuli. Ostatnio się obudził. Ma przy sobie podręcznik. Nie troszcząc się o Golaghę, mija go i rozciąga się na dwuosobowej sofie. Golagha zostaje, odwraca się i patrzy na niego. Ardeshir jest nieostrożny.

GOLAGHA
Dzień dobry panie Ardeshir.

Ardeshir mu nie odpowiada. Golagha wychodzi. Poone przestaje pracować.

POONE
Cześć MR.

ARDESHIR
Bycie wesołym Poone'em?

POONE
Nie sir, co za radość, nie mogę już oddychać.

ARDESHIR
Bóg go wyleczy.

POONE
Bardzo w to wątpię.

Ardeshir zapala papierosa. Poone przynosi mu.... Szybko. Ardeshir zaczyna czytać książkę. Na jednoosobowej kanapie jest poduszka. Poone bierze ją i przynosi dla Ardeshira.

ARDESHIR
Nie trzeba, jest mi wygodnie.

POONE
Żadna sir rączka kanapy nie jest surowa, przeszkadza ci w głowie.

ARDESHIR
Wkłada to pod jego głowę.

SHIRVALI KHAN
Poone! Gdzie jest to śniadanie?!

Ciemność.
Jedno piętro przesuwa się na koniec sceny.
Jasne. Sklep Shapoor. Ostatnie z kwietnia 2004. Scena jest taka sama jak scena 11 aktu pierwszego. Usuwane są tylko szafki z książkami, a książki i czasopisma zaciskane są nitką, zamiast rozrzucać je na boki. Shapoor siedzi na biurku i wybiera telefon komórkowy. Amin wchodzi.

AMIN
Cześć.

SHAPOOR
Dzwoniłem do ciebie, hi

AMIN
Przepraszam za spóźnienie... [Rozgląda się, wskazując książki] przygotowany do podróży MR. Shapoor, gdzie?

SHAPOOR
Opowiem ci wtedy, to ma swoją historię. Dlaczego się spóźniłeś? Zawsze byłeś na czas?

Amin wyjmuje ze swojej torby dwa stare magazyny z czerwoną okładką i daje je Shapoor. Wygląda na zaskoczonego. Potem idzie za biurkiem i siada.

Jak je znalazłeś? Wiesz, jak długo po nich byłem?

AMIN
Tylko tych dwóch jest twoimi niedoskonałymi?

SHAPOOR
Tak, kolego. Dobra robota. Sześć lat ich ukończenia, to pierwszy irański magazyn kinowy. Wiesz?

AMIN
Słyszałem, że raz miałeś dwa numery niekompletne w serii.

SHAPOOR
Brawo, ile?

AMIN
Co masz na myśli?

SHAPOOR
Ci dwaj! W którym zakamarku byli ci, których Shappor nie znał?

AMIN
W bibliotece Firooza Davachiego. Włożyli jego książki do pudełek z owocami do zabrania. Te dwa były w magazynie pomiędzy półkami. Nie widzieli ich.

SHAPOOR
Davachi... Davachi... jego dom w Niyavaran?

AMIN
Tak!

SHAPOOR
Przed rozwidloną ulicą Yaser[40], trzecią aleją?

AMIN
Tak, skąd go znasz?

SHAPOOR
Fudge! Jeden magazyn nie rusza się w tym mieście bez mojej zgody. Ten facet dzwonił na MR. Khavari, w tym fragmencie na rogu w zeszłym tygodniu. MR. Khavari wysłał telefon, żeby przyjechali ze sobą. Powiedział, że Davachi ma gazetę z miodem. Powiedziałam mu, że przekazałam moją karierę MR. Paivar, kiedy mnie nie ma.

AMIN
Nie ma tu MR. Shapoor?! Jakby naprawdę szedł!

SHAPOOR
Nie panikuj, nie pójdę, dopóki nie przyjmę cię do celu.

---

[40] Y-track

AMIN
Nie jestem ważny, powiedziałem dla innych.

SHAPOOR
Na wypadek, gdybym cię przyjął, bądź artystą, bez względu na innych.

AMIN
Nie powiedziałeś, co to za historia?

SHAPOOR
Żegnamy się. Nasz tally jest skończony. Idziemy po przeznaczenie. Może zmień to przeznaczenie. Moja siostra zawsze mówi, że jest taki i taki, powiedziałem ok.

AMIN
A co z tym rynkiem?

SHAPOOR
Pieprzyć się z właścicielem gówna, który chce zbudować przejście dla telefonów komórkowych. Ci kolesie pracujący tutaj, by zostać skrzypaczkami. Dobrze, MR. Parsa przepraszam, tym razem ani herbata, ani gorąca Nescafe... nie powiedział, twoja praca?

AMIN
[*Amin zdejmuje jeden numer z tygodnika "Sztuka Ojczyzny"*] to pismo ma pewien rodzaj braku.

SHAPOOR
Co?

AMIN
Pod nazwą opierającą się o mroczną ścianę znajduje się strzałka z wyrostkiem Ahmada Lankaraniego. Ale nie ma. Patrz na miejsce perforatora.

SHAPOOR
Mówię o tym idiocie Khavari. Facet ze złamanym karkiem zawsze zachowuje się prowokacyjnie, kiedy go o coś pytam. Ja też nie byłem czujny, żeby go złapać. W porządku. Nie ma sprawy.

AMIN
Dzięki, więc niech magazyn tu będzie.

SHAPOOR
Tak, w porządku.

AMIN
Poszedłem.

SHAPOOR
Idź i miej dobry dzień.

Amin chce iść. Shapoor rzuca okiem na dwa magazyny. Pauza.

Panie Parsa... Panie Parsa...

AMIN
Tak?

SHAPOOR
[*Stawia dwie butelki zimnej Nescafe na stole od dołu*] zimna, lubisz?

AMIN
Co?

SHAPOOR
Nescafe!

Ciemność.
Jasne. Teheran. Styczeń 1952, przyjęcie bożonarodzeniowe. Wieczór. Arax café. Specjalna dekoracja nocy noworocznej widziana przed drzwiami targowymi. Na barze jest mała sosna. Przed barem jest ozdobiony numerami jeden, dziewięć, pięć i trzy. Seroj dopełnia kawiarniane dekoracje na imprezę noworoczną. Jego włosy stały się bielsze niż w poprzednim akcie. Stoi na krześle i zawiesza się na papierowym sznurku. Głos małego dzwonka do drzwi. Wchodzi Ahmad Lankarani.

SEROJ
Zamknięte.

LANKARANI
Miałem z tobą robotę.

SEROJ
Jestem do twoich usług.

LANKARANI
Chcę z tobą porozmawiać przez kilka chwil.

SEROJ
Powiedz, że tego słucham.

LANKARANI
Szukam pana Golshana.

SEROJ
Hassan Golshan?

LANKARANI
Tak.

SEROJ
Czego od niego chcesz?

LANKARANI
Czekam na niego kilka razy. Nikt nie ma o nim wiadomości.

SEROJ
Na pewno nie chce nikogo widzieć.

LANKARANI
Nie masz od niego żadnych wieści?

SEROJ
Nie powiedziałeś, czego od niego chcesz?

LANKARANI
Odnosi się do przypadku sprzed kilku lat.

SEROJ
W jakiej sprawie?

LANKARANI
Ten przypadek związany z drukowaniem ojczyzny sztuki będzie tygodniowy list.

SEROJ
Nie, nie mamy od niego wiadomości.

LANKARANI
Chyba często przychodził do tej kawiarni.

SEROJ
Tu jest kawiarnia. Dużo ludzi przychodzi i odchodzi.

LANKARANI
Ale on był twoim bliskim przyjacielem.

SEROJ
[Przestaje pracować i patrzy na niego] dobrze?

LANKARANI
Więc powinieneś mieć jego adres.

Seroj schodzi z krzesła i zostaje tutaj. Lankarani idzie w jego stronę i wyciąga rękę.

To jest Ahmad Lankarani.

Seroj trzęsie się do niego powoli i niezdecydowanie.

Byłem tu kiedyś umówiony z panem Golshanem, a ty też tam jesteś, pamiętasz?

SEROJ
[Pauza, *gapi się na niego*] Pochylony... przeciwko... przeciwko...

LANKARANI
Opierając się o mroczną ścianę.

SEROJ
Racja.

LANKARANI
To miało być to, że MR. Golshan wykonał to po publikacji. Ale nie mam po tym żadnych wieści. Biuro czasopisma zostało zestrzelone. Powiedziałem, że może mieli wyrzuty sumienia, a ja nie kontynuowałem akcji. Chciałem coś zrobić sam, ale to nie zadziałało, zagrać przyjętym do wielu ludzi. Powiedziałem sobie, że Hassan Golshan jest jedyną osobą, która kiedykolwiek była w stanie wykonać to zadanie...

SEROJ
Po tych wszystkich latach?

LANKARANI
Gra toczy się od ręki do ręki, ale nie doszła do żadnego wniosku.

SEROJ
Odwróciłeś się i odwróciłeś tak bardzo przyjmując do mnie.

LANKARANI
To był jedyny adres, jaki miałem od Golshana.

SEROJ
Czasami nie mam od niego żadnych wieści. Dzisiejszy wieczór jest noworoczny. Możesz wpaść kilka dni później?

LANKARANI
Tak.

Cisza.

SEROJ
Cieszę się, że widzę.

Podaje rękę Lankarani.

LANKARANI
Dziękuję bardzo za pomoc. *Lankarani idzie w stronę drzwi. Pauzuje. Do Seroj.* *Wesołych* Świąt.

Ciemność

SCENA 2

Sklep Shapoor. Opakowania książek i czasopism są wokół nas. Paivar siedzi na stołku i ma w ręku kartotekę z indeksem. Shapoor wchodzi.

SHAPOOR
może pan ponownie oddać ten stół panu Paivarowi, żeby ten van był w drodze.

Paivar bierze jedną stronę stołu, a Shapoor drugą, a oni odchodzą. Wracają po chwili. Paivar siedzi na stołku.

Dobra robota panie Paivar.

Umieszcza dwie paczki z magazynem obok Paivara.

Cóż, panie Paivar, brakuje ich. 12 NEW MASSAGE, 10 SPEECHES, 5 WEEK BOOK w tym pakiecie. To jest kompletna seria piątkowej książki. Prawda?

PAIVAR
Co zrobiłeś z tymi magazynami filmowymi?

SHAPOOR
Mówi się, że żona szewca, która jest najgorszym shodem, słyszy! Słuchajcie! Myślisz, że jesteś po dwóch numerach? Jeden z klientów znaleziony z tych relikwii sprzedaje swoją bibliotekę panu Khavari. Zobacz fortunę, dom tego relikwii, tego wilka Khavari, tego naszego klienta, pana Parsa tam. Ten sprytny człowiek nie widział tych dwóch numerów w tych szafkach.

PAIVAR
Drogi Shapoor, kto szuka, znajdzie, magazyn cię znalazł. Z jakimi rzeczami cenił?

SHAPOOR
Nic.

PAIVAR
Żartujesz?

SHAPOOR
Uwierz mi, to taki miły facet.

PAIVAR
Nie powiedziałeś, co chcesz z nimi zrobić?

SHAPOOR
Bądź ze mną.

PAIVAR
Może chcesz włożyć je do torby zabierającej do Niemiec.

SHAPOOR
Od czasu do czasu kilka dni temu facet dzwonił z muzeum kina szukając czasopism, nie dawałam mu ich.

PAIVAR
Czy cena była niska?

SHAPOOR
Nie, to było w porządku. Szczerze mówiąc, nie miałam serca, żeby je dać, mówienie sobie w ten sposób jest bezpieczniejsze.

PAIVAR
To nie byłyby dla ciebie pieniądze w Niemczech! Nie mów, że nikt by tego nie powiedział.

SHAPOOR
Nieważne. Podoba mi się to.

PAIVAR
Jak chcesz. Lepiej już pójdę.

Stoi i odbiera dwie paczki z magazynami.

SHAPOOR
Panie Paivar, co się stało z naszym wyrostkiem robaczkowym?

PAIVAR
Miło to słyszeć. [Odcina paczki, *wyjmuje wyrostek z pliku indeksu*] to wyrostek je bierze.

Shapoor bierze wyrostek robaczkowy.

Znalazłem go dzisiaj w zbiorniku w Khavari[41] z tysiącami chwalebnych akcji. To była taka przygoda.

SHAPOOR
Tak oddany przyjaciel.

PAIVAR
Spójrz tutaj Shapoor, dzisiaj będąc tam Khavari powiedział Sandoghchi kupił bibliotekę tego pisarza.

SHAPOOR
Kto?

PAIVAR
Ten Ahmad Lankarani. Ten facet sprawił, że biblioteka poleciała.

SHAPOOR
Czy Khavari ma swoje statystyki?

PAIVAR
Pocałowałeś czworokąta materaca i pożegnałeś się.

SHAPOOR
Teraz...!

Ciemność.
Jasne. Arax café. Styczeń 1953 roku. Seroj i Armine zbierają noworoczne dekoracje. Zbierają zebrane instrumenty na stole.

SEROJ
Ten rok również minął...

ARMINA
Nie sądziłem, że to tak pójdzie. Powiedziałam, że wszyscy będziemy się zbierać, jak za dawnych czasów. Ale nawet wujek Minas nie przyszedł.

SEROJ
Varoj powiedział, że idzie na balkon koło Nowego Roku i ciągle płacze. [Wziął małą choinkę

[41] Spichlerz

i idzie za barem]

Cisza.

ARMINA
Nie widziałeś w tym roku żadnego koca śnieżnego?

SEROJ
Yeah, przypuszczam, że jeśli tak dalej pójdzie, tress przyniesie owoce w tych dniach.

ARMINA
[Z uśmiechem] Wyobraź sobie rękę w lodach z truskawkami do klienta od jutra.

SEROJ
Licząc, że za szybą mamy zimną wodę kantalupową.

Oboje się uśmiechają.

Pomóż mi rozpiąć ten wisiorek.

Armine podnosi krzesło i idzie na jedną stronę sznurka. Seroj bierze drugą stronę. Obydwaj zaczynają otwierać strunę.

Armine może czekać na śnieg to chłonne zadanie.

ARMINA
Kiedy byłem dzieckiem, nigdy nie chciałem, żeby zmieniono sezon. Kiedy było lato, podobało mi się, że trwało to wiecznie. Ale teraz lubię mieć wszystkie cztery pory roku, chodzić w zimie w śniegu i parzyć z ust.

Zebrali strunę. Schodzą z krzesła i zbliżają się do siebie, aby je zapiąć.

SEROJ
Kartka pocztowa otrzymana dzisiaj od inżyniera za poślubienie Nowego Roku.

ARMINA
Kiedy?

SEROJ
Dzień dobry. Była na niej lodowata pokrywa rzeczna, po której jeżdżą ludzie na łyżwach.

ARMINA
Znowu napisane "do zobaczenia w Los Angles"? “

SEROJ
Albo to, albo napisał, kiedy pojedziemy, nie mogliśmy zbudować salonu w Iranie.[pauza] w najbliższej przyszłości ma zamiar rozpocząć projekt operowy. Nalegał, żeby dołączyć do niego wcześniej.

Armine układa sznurki na stosie ozdób. Potem je podnosi, idzie za barem.

Armine przyszedł kilka dni temu facet, który szukał Hassana.

ARMINA
Kim on był? Znałeś go?

SEROJ
Tak, kiedy Hassan się z nim umówił, chciał opublikować jego sztukę w cotygodniowym liście.

ARMINA
Czego on chciał?

SEROJ
Powiedział Hassanowi, że ma wykonać swoją sztukę.

ARMINA
Nie wiedziałeś, co się stało z Hassanem?

SEROJ
Nie, ja też nic nie powiedziałem.

ARMINA
Po tych wszystkich latach wrócił na dawne drogi?

SEROJ
Jakby nikt nigdy nie chciał grać jego sztuki.

Armine kładzie krzesło obok baru i idzie od niego w górę i piętrzy się era chrześcijańska zawieszona na liczbach.

Chciał adres Hassana.

ARMINA
Nie dałeś mu adresu, prawda?

SEROJ
Nie.

ARMINA
Bardzo miło, że tego nie zrobiłeś.

SEROJ
Powiedziałem mu, że przyjdzie kilka dni później.

ARMINA
Ale dlaczego?

SEROJ
Może chcemy dać mu adres.

ARMINA
Zniknął na dobre, będąc w jego skorupie, dlaczego zakłócamy mu spokój?

SEROJ
Czy kiedykolwiek uważałeś, że jest jedyną osobą, która pytała Hassana w tych latach?

ARMINA
Co chcesz powiedzieć?

SEROJ
Hassan nie może żyć wiecznie w tych wzgórzach Aliabadu.

ARMINA
Zmieni sytuację, jeśli spodoba mu się, że nie mamy prawa ingerować w jego pracę.

SEROJ
Zawsze staraliśmy się mu pomóc, kiedy się wtrącaliśmy?

Armine nic nie mówi.

Powiedzieć to? Kiedy się wtrącaliśmy?

ARMINA
Zakładając, że podaliśmy adres, z tego co wiemy, Hassan może pozwolić mu być w swoim domu?

SEROJ
To nie jest związane ze mną i z tobą.

Ciemność

SCENA 3

Jedno piętro schodzi na front sceny. Rasht. 1946. Safade House. Dwuosobowa drewniana sofa, którą Gheligh położył na kanapie i pali sziszę[42]. Powiesił się na płaszczu na krawędzi kanapy. Przed nim znajduje się jednoosobowa sofa, na której siedzi Safade.

GHELIGH
Nie przeszkadza ci to?

SAFADE
Niektórych mieszkańców wioski odkładam na później.

GHELIGH
Jak długie są ich ziemie?

SAFADE
Trochę dużo.

GHELIGH
Dając dobre pieniądze, kupują swoje ziemie, by zająć się swoimi sprawami.

SAFADE
Te rustykalia są w patch Geligh Khan. Oni nie dbają o twoje interesy. Ale jest coś?

---

[42] Nargileh

GHELIGH
Co?

SAFADE
Tam są tereny Shirvali trochę dalej.

GHELIGH
Jak długo?

SAFADE
Kilka hektarów.

GHELIGH
Co on tam robi?

SAFADE
Nic. Wywrócenie ich do góry nogami.

GHELIGH
Więc ta Shirvali jest również uciążliwa w Lahijanie.

SAFADE
Shirvali nie rusza się z Rasht. Jego praca zakorzeniła się tam, kupując ziemię tu i ówdzie na deszczowy dzień.

GHELIGH
Podczas kopania fundamentu i wznoszenia murów, maszyny będą odbierane z zagranicy.

SAFADE
Jesteś pewna, że Gheligh Khan, nasze sprawy będą załatwione w Lahijanie?

GHELIGH
Wątpisz w to?

SAFADE
Nie pytam tak zwyczajnie.

GHELIGH
Pomyśl o ładnym targu. Centrum miasta, tłumne miejsce.

SAFADE
Tak, powiedziałem to. W tych dniach zadzwonią do mnie.

GHELIGH
Lepiej, żebyśmy stopniowo zaczęli chodzić.

Zakłada płaszcz. Safade też wstaje. Podają sobie rękę.

Do zobaczenia później.

Gheligh ma zamiar jechać, do którego wchodzi Gilnaz.

Witam panno Gilnaz. Cieszę się, że panią widzę.

GILNAZ
Dobrze dla twojego błogosławieństwa.

GHELIGH
Błogość jest twoim spotkaniem.

GILNAZ
Widzenie tego piękna nie jest błogosławieństwem.

GHELIGH
Nie wspominając o tym, będziemy się kłaniać przed tym pięknem.

GILNAZ
Być po dojrzałości, piękno odnosi się do jednej chwili.

GHELGH
Na pewno ta perfekcja pasuje do tego piękna. Miłego dnia.

Wychodzi ze sceny. Gilnaz umieszcza kawałek materiału w miejscu, w którym Gheligh siedział i siada.

GILNAZ
Matka zawsze miała zły zapach dymu. Ale teraz dom jest pełen dymu, chciałbym, żeby mama tu była.

SAFADE
Nie wtrącaj się w tę historię, błogosławiona matko. Twoim problemem nie jest palenie.

GILNAZ
Problemem jest to palenie. Przenika przez cały dom, dusząc każdego.

SAFADE
Jakiego palenia?

GILNAZ
Dym wydobywający się z palących się towarów.

SAFADE
To są wszystkie twoje zachcianki. Nie ma wśród nich palenia.

GILNAZ
Jest. Widzę konsekwencje.

SAFADE
Rzeczywiście jest córką tej samej matki. Dobrze idziesz w jej ślady.

GILNAZ
Gdyby żyła, nigdy nie pozwoliłaby utonąć waszemu statkowi z jego ładunkiem.

SAFADE
Nie rozumiem, o co ci chodzi?

Wychodzi. Gilnaz pozostaje samotny przez kilka chwil na scenie.

Wtedy wchodzi Mama Munes.

Mamo Munes, co zrobiłaś? Znowu go rozzłościłaś?

GILNAZ
On nie ma serca do słuchania prawdy.

MOM MUNES
Nie widzisz jej? On nosi swój własny punkt. Wszyscy mężczyźni są tacy. Codziennie wykonuję tę samą pracę, czyszcząc prochy. Czuję się obrzydliwie, kiedy go widzę. Iść od Mama Agha dzień przed, I zobaczyć przychodzić z jego zniszczony samochód w kierunku I pójść szybko allay nie widzieć.

GILNAZ
Ardeshir mówił, że tylko ten facet jest przeciwnikiem Shirvali Khan.

MOM MUNES
Ten facet wpadł jak diabeł w duszę twojego ojca. Do której ścieżki prowadzi ta historia, Bóg wie.

GILNAZ
Zemsta uczyniła go ślepym.

MOM MUNES

Nie bądź zrzędliwy. Pan Ardeshir powinien oddzielić swoje zachowanie od Shirvali. Niemożliwe, żeby ktoś został w domu i poprosił drugą dziewczynę o rękę. To ta, która jest córką wroga swojego ojca.

GILNAZ
Widzę mamę Munes, widzę...

Ciemność
Jedna pozostała podłoga idzie na koniec sceny.
Jasne. Ostatnio w styczniu 1952 roku. Dom Golshana. Metalowe łóżko, małe biurko, dwa krzesła jedno za biurkiem, drugie obok łóżka, filar książki na nim. Lankarani siedział na krześle obok biurka. Golshan wchodzi po chwili niosąc tacę z dwoma filiżankami herbaty i ciasteczek. Jego włosy stają się bielsze i wydaje się starszy. Ma taką samą okularkę z aktu 3. kładzie tacę na biurku. Sam podnosi szklankę i idzie obok łóżka, odkłada książki z krzesła i siada tam. Cisza. Golshan zaczyna pić herbatę, Lankarani nie dotyka swojej szklanki.

GOLSHAN
Proszę sobie pomóc, panie Lankarani, herbata robi się zimna.

LANKARANI
Dzięki. [*Drinks*]

GOLSHAN
Masz mój adres z Arax café?

LANKARANI
Tak, pan Avakian zrobił mi przysługę. Przyszedłem po opublikowaniu tego wyrostka, żeby ci podziękować, ale powiedziałem, że cię tam nie ma. Kilka dni później, kiedy poszedłem do biura magazynu, był burzony.

Pauza.

GOLSHAN
Zjedz ciasteczko.

Lankarani bierze ciasteczko i zjada je.

LANKARANI
Potem poszedłem sporo czasu do kawiarni Arax, żeby cię zobaczyć, ale znów żyłem. Powiedziałam sobie, że może ty też...

GOLSHAN
Schwytany?

LANKARANI
Zawsze pamiętałem, że byłem ci dłużny miłosierdzie.

GOLSHAN
Nie ma czasu, żeby samemu zobaczyć wyrostek robaczkowy.

LANKARANI
Kupiłem siedem osiem egzemplarzy tej publikacji.

GOLSHAN
Miałeś takie szczęście, że opublikowałeś załącznik, bo to był ostatni tygodniowy numer listu.

Pauza.

Cóż, co chcesz, żebym zrobił?

LANKARANI
Wtedy powiedziałeś mi coś, co układało mi się w głowie.

GOLSHAN
Co ja powiedziałem?

LANKARANI
Powiedziałeś, że może zagram tę sztukę.

GOLSHAN
Yeah, gdyby sytuacje były wtedy odpowiednie, zagrałbym w to.

LANKARANI
Masz na myśli jego spóźnienie teraz?

GOLSHAN
Nie dla twojej sztuki, ale dla mnie tak.

Pauza.

LANKARANI
W tych czasach niektórzy mówili, że chcą w to grać, ale nikt nie robił tego w praktyce. Każdy człowiek przyniósł wymówkę. Jednak żaden z nich nie wypowiedział twoich słów tamtej nocy w kawiarni Arax.

Jeden z nich chciał coś dodać do tekstu, jeden z nich chciał coś umniejszyć lub wtrącić się w postać. Jedna z nich chciała zmienić kolejność narracji opowieści. Jedna z nich chciała zmienić jej zakończenie. Ale ja tego nie zaakceptowałem.
Pauza.

GOLSHAN
Dlaczego nie zagrałeś za przedstawienie?

LANKARANI
Redaktor naczelny czasopisma, które mu podawałem, przedstawił mi kilku uczniów szkoły aktorskiej. Bardzo cenił mnie za to, że gram sam i powiedział mi, że jesienią przyszłego roku odbędzie się irański festiwal teatralny. Powiedział mi, że mogę tam wystawić tę sztukę. Zorganizowałem też kilka sesji z chłopakami. Ćwiczyliśmy kilka scen, ale nie jest to możliwe.

GOLSHAN
Co jest niemożliwe?

LANKARANI
Aktorzy nie potrafią grać ról realistycznie. Jakby pociągali za brudną twarz. W niektórych momentach mam wątpliwości, czy problem dotyczy gry, czy nie.

GOLSHAN
Ile razy bawiłeś się w czytanie?

LANKARANI
Chłopaki czytają sztukę osobno. Potem przećwiczymy sceny. Ale to jeden tydzień, w którym zawieszam próbę, bo naprawdę nie wiem, co robić.

Pauza.

GOLSHAN
Więcej herbaty?

LANKARANI
Nie, dziękuję.

Długie cierpienie. Lankarani wstaje i albo Golshan.

Zajmuję się zmniejszaniem uciążliwości.

GOLSHAN
Poczekaj chwilę, panie Lankarani.

Golshan wyjmuje swój bagaż z łóżka i daje zabawę z jego wnętrza Lankarani.

Trzymałem to w zaufaniu, napisałem w nim kilka notatek, może to ci pomoże.

Lankarani bierze udział w grze.

Udało się.

Podają sobie rękę.

LANKARANI
Panie Golshan, mamy próbę w liceum w *Rooshangaran* po południu. Było tam duże miejsce pełne trąbki. Zrobiliśmy je czyste. Teraz jest to miejsce na próby. Bardzo bym się cieszyła, że cię tam widzę.

Ciemność.

SCENA 4

Poczynając od maja 2005 roku. Dom Sandoghchi. Dwa rzędy szafek, które tworzą atmosferę jak korytarz. Kawałek kartonustoi przed nami w prawym rogu napisane na nim "Sekcja Ahmada Lankaraniego". Dwie zapalone lampy do czytania zawieszają biblioteki z każdego rzędu. Sandoghchi, Shapoor i Amin wchodzą jeden po drugim na końcu sceny. W ich rękach znajduje się operowana szklanka do herbaty. Oni dostają się na górę. Zostają.

SANDOGHCHI
Przybyli panowie. To jest szafka teatralna boga nieba Ahmada Lankaraniego.

SHAPOOR
Pan Sandoghchi włożył tu błysk, czy coś, żeby się tu nie zgubić.

SANDOGHCHI
Tu nie ma takiego tłumu.

SHAPOOR
Więc ptak szczęścia, osiadł na naszej głowie, że w końcu mogliśmy odwiedzić ten skarbnik.

SANDOGHCHI
Skarbiec? Twoi koledzy nazywają to cmentarzem Sandoghchi.

SHAPOOR
Nie sir. Kto tak powiedział? Mężczyzna przychodzi zobaczyć te dużo książek będzie świeże! Dobrze, że pan Parsa spojrzał na tę szafkę, zboczył z kursu za pozwoleniem pana Sandoghchiego!

SANDOGHCHI
Nie jest tu powszechne dotykanie szafek bez pozwolenia. Dobrze, czego chcesz, MR. Ahmad Lankarani?

SHAPOOR
Ten pan Parsa...

SANDOGHCHI
Profesorze! Pozwól mu mówić!

AMIN
Mój list jest o osobie o nazwisku Hassan Golshan.

SANDOGHCHI
Hassan Golshan...?

AMIN
Znasz go?

SANDOGHCHI
Nigdy nie słyszałem jego imienia. Co on ma wspólnego z Ahmadem Lankaranim?

AMIN
W 1948 roku Hassan Golshan został redaktorem naczelnym magazynu, w którym po raz pierwszy opublikowano sztuki teatralne Lankarani.

SANDOGHCHI
Cóż, on to opublikował. Co to może zrobić dla ciebie?

AMIN
Może znajdę wskazówkę Hassana Golshana.

SANDOGHCHI
Jest to bardzo mało prawdopodobne, ale [wskazuje na rząd] spójrz na ten rząd.

Amin chce postawić swoją szklankę na krawędzi szafki.

Panie? Co pan robi? Co, jeśli to podstęp w książkach? Do czego służy ta rączka? Proszę wziąć szklankę do ręki!

SHAPOOR
Panie Parsa daj mi swój kieliszek, jeśli to trudne!

AMIN
Przepraszam.

Daje szkło Shapoor. Patrzy na książki będące w szafkach. Wskazuje na coś.

Przepraszam, czy mogę to zobaczyć?

SANDOGHCHI
Który z nich jest kochany?

AMIN
Ten szary folder.

Sandoghchi patrzy na to. Wyciąga teczkę i przekręca ją w liść. Potem daje to Amin.

SANDOGHCHI
proszę ostrożnie przewracać strony.

Amin bierze folder, otwiera go i widzi go uważnie.

AMIN
Panie Shapoor spójrz tutaj!

Shapoor zbliża się do niego.

Ja to mówię. Spójrzcie.

SHAPOOR
Dobra!

AMIN
Zobacz też to.

SHAPOOR
Ciekawe.

AMIN
Ten!

SHAPOOR
Ładnie.

AMIN
Mogę zobaczyć też inne szafki?

SANDOGHCHI
Na początek proszę mi dać teczkę.

Amin zwraca folder.

Te dwa dolne rzędy można też bardzo szybko.

Amin zaczyna patrzeć na rzędy.

SHAPOOR
Panie Sandohchi, jak tam rynek niegrzecznych? Słyszałem, że buduje pan nową fabrykę w save road.

SANDOGHCHI
Yeah... miło. Shapoor ma jakieś wieści z twojego rezonansu. Taj?

SHAPOOR
Nie, to miesiąc, którego nie znam.

SANDOGHCHI
Jakim przyjacielem jesteś nieświadomy swojego przyjaciela?

SHAPOOR
Bycie trochę zajętym w tych dniach. To nie był czas. Zadzwonię do niego przez te dni.

SANDOGHCHI
Na pewno spytaj o jego uczucie.

SHAPOOR
Jak to?

SANDOGHCHI
Profesorze! Zdarzyło mu się coś, czego się obawiał. Włamał się do domu, przyłożył nóż do szyi, miał otworzyć dużą skrzynię. Włamali się do wszystkich jego dokumentów.

SHAPOOR
[*Zaskoczony*] wow! Jakie to pechowe. Boże bondman...

SANDOGHCHI
Zrobione nad twoją pracą?

AMIN
Tak... tak...

SANDOGHCHI
Więc nasza praca jest skończona. [*Chce umieścić teczkę na swoim dawnym miejscu*]

AMIN
Chcę tę teczkę.

SANDOGHCHI
Sto milionów!

AMIN
Sto milionów?

SANDOGHCHI
Żartowałem. Nic tu nie jest sprzedawane. Dobrze z tej drogi...

SHAPOOR
Panie Sandoghchi, może pan przyjść na chwilę?

Shapoor daje te dwie szklanki Aminie. Wychodzą z Sandoghchi z korytarza.

SHAPOOR
Co to za historia, panie Sandoghchi?

SANDOGHCHI
Nie ma żadnej historii. Znasz mnie, jestem tylko kupcem, nie sprzedaję.

SHAPOOR
To znaczy, że nie ma żadnej notatki, nota bene, pojedynczego artykułu?

SANDOGHCHI
Twoje przyjście tutaj to sama notatka.

SHAPOOR
To był tylko zapach, a nie wieści z kebabu.

SANDOGHCHI
Gorący chleb, gorący kebab.[43]

SHAPOOR
Przesiewaliśmy naszą mąkę i odłożyliśmy ją.[44]

SANDOGHCHI
Ale wrony przyniosły wiadomość, że w twoim układzie jest jeszcze jeden gorący chleb.[45]

SHAPOOR
Jaki chleb?

SANDOGHCHI
Ten chleb, którego pokrywa jest czerwona. Ten chleb, który niedawno został ukończony. Profesorze! Spójrz, nadaje się tylko do tej szafki.

Cisza. Shapoor patrzy na Amina.

SHAPOOR
Sześćdziesiąt numerów kompletnej serii magazynów, bez żadnych braków. Cała teczka.

SANDOGHCHI
Sześćdziesiąt numerów magazynów, bez żadnych wad. Kopia folderu bez żadnych usterek.

Ciemność.
Jasne. Odzyskiwacz liceum Rooshangar, marzec 1953. Seria trębaczy i kilka krzeseł przesunęło się obok sceny. Światło zapala się na pozostałej podłodze na końcu sceny. Dwóch młodych aktorów siedzących na ziemi siedzi po prawej stronie, dziewczyna w roli Gilnaza i chłopiec w roli Ardeshira stoją przed sobą, obaj mają sztukę w rękach. Lankarani z przedstawieniem w ręku stoi z lewej strony sceny i patrzy na nich. Dwóch aktorów co jakiś czas spogląda na ich sztukę. Zachowują się zbyt niezdarnie.[46]

GIRL
Spójrz na moje oczy, Ardeshir. Powiedz... powiedz, że nie możesz dłużej tolerować tej sytuacji. Powiedz, że jesteś wyczerpany... po prostu to powiedz...

BOY
Jestem zmęczony wszystkim, Gilnaz. Z tego domu, z tego miasta, tego życia, które jest dla nas stworzone.

LANKARANI
Przepraszam. Przetnij to na chwilę! Chłopaki próbują zachowywać się realistycznie!

---

[43] To irański idiom
[44] Zrezygnować z aktywności, powiesić swoje buty
[45] On mówi ironicznie
[46] Niezdolność do pracy

GIRL
[*W roli Gilnaza*] więc jakie jest rozwiązanie? Nic nie robiąc? Pozwolić im robić co im się podoba? Nasze życie pada ofiarą chciwości i zemsty tych dwóch.

LANKARANI
Widzisz, Gilnaz rozmawia ze swoimi prawdziwymi uczuciami. Ona nie czyta gazety.

Dziewczyno, wszystko co mówisz to prawdziwe uczucie. Jak mogę pokazać to prawdziwe uczucie?

LANKARANI
Wystarczy tylko wyobrazić sobie, że jesteś Gilnazem, to wszystko.

GIRL
Wystarczająco, by wyobrazić sobie twojego Gilnaza.

LANKARANI
Trzymaj się.

BOY
Wiesz, że Shirvali powiedział mi, że jeśli wyjdziesz za mąż za córkę Safade'a, to zastrzeli nas oboje.

GIRL
[*W roli Gilnaza*] Boisz się strzelać?

BOY
[*W roli Ardeshira, z* tonem *sloganu*] Nie boję się mojej śmierci, boję się, że cię zabije. [*Nagle wzdycha i wkłada głowę w swoje ręce*]

LANKARANI
Zatrzymaj się na chwilę. Farhad, co ty robisz? Dlaczego tak nagle wzdychasz? On nigdy nie mówi w ten sposób.

BOY
Mówisz jak on mówi?

LANKARANI
Powinieneś myśleć, że jesteś Ardeshir. Powinien pan mówić w prawdziwej sytuacji.

Chłopak tłumi swój gniew. Golshan wchodzi od lewej z policzonymi krokami. Stoi w ciemności. Nikt go nie widzi.

GIRL
[*W roli Gilnaza*] Nie Ardeshir, boisz się, że zostaniesz zabity.

BOY
Jestem gotów oddać za ciebie moje życie.

GIRL
[*W roli Gilnaza*] więc pozwól im zastrzelić nas obu.

LANKARANI
Farhad, dlaczego nie powiedziałeś "nie mów... nie mów tego Gilnaz".

BOY
To było dla mnie przesadne, nie powiedziałem.

LANKARANI
Co masz na myśli mówiąc przesadnie? Musisz powiedzieć, co tam jest napisane.

BOY
To nie wypowiada się w moich ustach.

LANKARANI
Nie bądź wybredny. Powiedz to następnym razem. A teraz mów dalej.

BOY
[*W roli Ardeshir'a, pauza*] Czy on umówił się z tobą na randkę małżeńską?

GIRL
Tylko w ten czwartkowy wieczór, Shahsavar nad morzem.

Chłopiec wzdycha, siada na ziemi i wkłada ręce we włosy. Lankarani rozbija nogę o ziemię i nieszczęśliwie porusza głową. Pauza. Chłopiec i dziewczyna patrzą na Lankaraniego. Lankarani wskazuje ręką, aby kontynuować. Siedzi na krześle. Grają gorzej niż wcześniej. Może trochę się nie zgodzili.

Chodźmy stąd. Uciekajmy w nocy.

BOY
[*W roli Ardeshira*] gdziekolwiek pójdziemy, Shirvali nas znajdzie.

GIRL
Shirvali Shirvali Shirvali... kim jest ten Shirvali, którego tak bardzo się boisz?

BOY
[*W roli Ardeshira*] nie krzycz. Bądź spokojny. Usłyszą cię.

GIRL
Ten Shirvali nie jest taki Shirvali. Stracił swoją wojowniczą mien.[47] Obserwujesz jak ten Gheligh doprowadził go do ruiny.

Chłopiec milczy.

Ok. Nic nie mów. Włóż głowę do swojej skorupy. Powinien się zawsze martwić tym strzałem, który Shirvali chce zastrzelić ciebie z jego starej broni.

Dziewczyna i chłopak patrzą na Lankarani.

LANKARANI
Bardzo źle. Czemu tak się bawicie, chłopaki?

---

[47] (ex tr= mane and mace)

BOY
Jak ja gram?

LANKARANI
Wcale nie jest dobrze.

BOY
nauczyli nas w ten sposób w szkole aktorskiej, jeśli nie zaakceptujesz tego iść i przyprowadzić kogoś innego.

Chłopak zaciera swoją sztukę do ziemi i wychodzi. Lankarani wstaje ponuro z krzesła. Nie wie, co robić. Idzie i odbiera zabawę z ziemi.

LANKARANI
Ktoś jeszcze chce iść?

Cisza. Lankarani nagle widzi Golshana. Jest przerażony. Golshan zbliża się do niego. Podaje mu rękę.

GOLSHAN
Cześć.

LANKARANI
Witam panie Golshan... Coś nie tak z *zaskoczenia, wyskakuje z ust*?

GOLSHAN
Nie. Zdejmijcie *płaszcz i połóżcie go na krześle.* Wy dwaj przynieście ten podest z przodu, proszę.

Dwóch chłopców patrzy na Lankarani. Potwierdza to swoją głową. Przynoszą pozostałą podłogę do przodu z końca sceny.

[*Do dziewczyny i Lankarani*] proszę wyjść ponad to. [Do *dwóch chłopców*] proszę przynieść im dwa krzesła.

Dwóch chłopców położyło krzesła na podłodze. Dziewczyna i Lankarani siedzą.

Czytasz Ardeshir. Ty też czytasz Gilnaza.

Lankarani i dziewczyna patrzą na siebie zaskakująco.

Kochany Ahmad, żeby ta sztuka była prawdziwa, powinna być czytana wiele razy publicznie. Bez żadnego tonu, bardzo proste. Tak jak nasza rozmowa. W ten sposób rola zbliża się do nas z zewnątrz. Przeczytaj to teraz.

Ciemność

SCENA 5

Teheran, ostatni maj 2005 roku. Dom Ahmada Lankarani.Amin i Monire Lankarani, siostrzenica Ahmada Lankarani siedzą na dwóch polskich krzesłach wśród sceny. Pod ich stopami znajduje się stary, ręcznie tkany, szorstki dywan. Między dwoma krzesłami znajduje się mały stół. Na nim dwie filiżanki kawy.

MONIRE LANKARANI
Wieści dotarły do nas późno. Kiedy przyszliśmy, to były dwa trzy dni, kiedy wujek zmarł? Wsadzili go do chłodni, aż przyjdę. Ostatni raz widziałem go cztery lata temu. Ma problemy z płucami, ale ciągle pali. Nalegaliśmy w nim, żebyśmy tyle do nas przyszli. Był tu taki samotny. Tam może albo wyleczyć swoją chorobę, albo byliśmy wokół niego. Ale on się nie zgodził. Powiedział, co mogę tam zrobić? Odpowiedzieliśmy mu, że ty też nie możesz nic tu robić. To było wiele lat, że nie pisał. Wiesz, panie Parsa, on ma celową ciszę. Nie zimno mu na kawę.

AMIN
Dzięki.

Oboje piją kawę.

MONIRE LANKARANI
Szczerze mówiąc, na początku byłem zaskoczony, gdy zadzwonił pan. To nie był precedens, że ktoś pyta wujka o uczucia. Nadszedł czas, by wszyscy go poznali. Przynajmniej jedna jego sztuka była wystawiana w ciągu roku. Ale nie interesują mnie szczegóły, ale chyba nikt go nie zna.

AMIN
Być może ludzie nie wiedzą, ale wielu artystów teatralnych słyszało jego nazwisko lub czytało o nim sztukę. Pan Lankarani zawsze ma rację na zajęciach uniwersyteckich.

MONIRE LANKARANI
Jakie to ciekawe, nie wiedziałem.

AMIN
Przy okazji, sytuacja nie jest taka jak wtedy, gdy wszyscy znają pana Lankaraniego. Wiesz, że pamiętają każdego, kto stoi przed ich wzrokiem w tych okolicznościach. Może bycie trochę wadliwym niech inni nie wiedzą od niego i już nic nie piszą.

MONIRE LANKARANI
Racja. Wujek trzymał się dużo w izolacji. Miał takie cechy przedtem. Babcia na niebiosa tak bardzo starała się, by wujek się ożenił, ale się nie zgodził. Ukrywał się przed każdą dziewczyną, którą dla niego znaleźli. Zrobił babci klapsa[48], powiedziała, że jeśli wiesz, że ktoś mi każe zaproponować rękę do małżeństwa[49]. Ale wujek odpowiadał tylko w milczeniu. Nie mówiąc nic. Kiedy się zestarzałem, kiedy babci już nie było, kiedy sam tego doświadczyłem, kiedy dowiedziałem się, co oznacza brak, cisza wujka na zawsze nabrała sensu. [*Jego komórka dzwoni*] Przepraszam. Witam panie Sadeghi... w końcu poprawione? Dzięki Bogu... Będąc tak zwanym, nie dam żadnej zniżki od tej ceny, którą pan powiedział... Dobrze... Nie powiedziałem, że to nowy budynek... Racja, pańskie prawo... w każdym razie zniszczyć go i odbudować, jak to się ma do mnie? Tak, twoje prawo... ok... ok... jestem jutro o dziewiątej w

[48] Hank, molestowany, nękany, nękany
Propozycja małżeństwa, zaloty[49]

urzędzie notarialnym... znowu podkreślam, że pieniądze powinny być gotówką,[50] a nie czekiem... Do widzenia... Dali mi piekło... ten dom zbudowany dwa lata po tym jak zostałem spalony. Ma teraz pięćdziesiąt lat.

AMIN
Przepraszam, panno Lankarani, dlaczego nie poinformowała pani żadnej gazety i magazynu o jego śmierci?

MONIRE LANKARANI
Wszystko stało się w takim pośpiechu[51], że nie myślałem o tym.

AMIN
Przepraszam... Przepraszam, czy zostało z niego coś, co może mi pomóc jak książeczka wspomnieniowa, odręcznie napisana?

MONIRE LANKARANI
Żaden wujek nie miał w zwyczaju pisać swoich wspomnień. Gdyby było cokolwiek, co byłoby w bibliotece, którą kupiłem. [*Pauza*] Przepraszam, zaraz przyjdę.

AMIN
Witam.

Monire Lankarani wychodzi. Chwilę później wraca ze starym albumem. Ona daje go Aminie.

MONIRE LANKARAN
Spójrz na to. To są zdjęcia wujka z lat, które pisał. Jest też trochę wycinania gazet. Chcieli to kupić z książkami, ale ja tego nie sprzedałem.

Podczas gdy Amin przewraca listek albumu, coś go przyciąga. Uśmiecha się.

AMIN
Panno Lankarani, chyba znalazłem coś, czego chciałem.

MONIRE LANKARANI
Co znalazłeś?

AMIN
Oświadczenie o śmierci Hassana Golshana.

MONIRE LANKARANI
Oh, jak wspaniale...

AMIN
Mogę dostać kopię tego?

MONIRE LANKARANI
Dlaczego nie odbierzesz tego wszystkiego?

---

[50] Gotówka na główce beczki
[51] Helter-skelter

AMIN
Bo powiedział pan, że zatrzyma to dla siebie.

MONIRE LANKARANI
Nie potrzebuję tego, być obok ciebie. Jest dla ciebie bardziej użyteczny.

Ciemność.
Jasne. Teherański Czerwiec 1953. Biuro irańskiego festiwalu teatralnego. Wśród sceny jest biurko i trzy krzesła. Duże oprawione zdjęcie Manuchehr Farahmand. Jest napisane na dole: "Ojciec Teatru Irańskiego - Jesień 1953" Javanshir siedzi za biurkiem i coś robi. Założył garnitur i zapiął cravat. Golshan i Lankarani wchodzą po chwili. Golshan patrzy na Javanshira zaskakująco, ale Javanshir w ogóle nie rozumie.

LANKARANI
Mogę?

JAVANSHIR
Wejdź do środka...

Oboje siadajcie. Javanshir nadal pracuje i nie podnosi głowy.

Co mogę dla ciebie zrobić?

LANKARANI
To jest Ahmad Lankarani, pisarz opierający się o mroczną grę na ścianie. Dałem go na festiwal. Chcesz zobaczyć...

JAVANSHIR
Chcesz odpowiedzi?

LANKARANI
Tak, jeśli to możliwe...

JAVANSHIR
[*Bez podnoszenia głowy wyjmuje teczkę z szuflady*] Pochylając się... opierając... opierając się o ponurą ścianę. [*Pauza*] Ignorowane.

LANKARANI
Zignorowany? Dlaczego?

JAVANSHIR
Nie musimy nikomu odpowiadać. Nieuchronnie[52] bycie słabym.

LANKARANI
Myślę, że mam pewne prawo wiedzieć, dlaczego sztuka zawiodła.

Javanshir podnosi głowę, żeby odpowiedzieć, ale staje twarzą w twarz z Golshanem. Javanshir wstaje, opierając ręce o stół, przesuwa głowę do przodu i wpatruje się w oczy Golshana.

[52] perforacja

JAVANSHIR
Cóż, drogi MR. Golshan. Jesteś tu? Nie widziałem cię od wieków? Nie byłeś... czy wiesz gdzie jesteś?

GOLSHAN
Cześć Javanshir!

JAVANSHIR
Zawsze robisz mi niespodziankę.

GOLSHAN
Ale ten, kto idzie wszędzie, oczekuje, że cię zobaczy.

JAVANSHIR
Yeah, teatr zabiera mnie wszędzie. Mogę ci pomóc?

GOLSHAN
Dlaczego zignorowałeś tę sztukę?

JAVANSHIR
Oto, co się stało. Mówiłem ci, że prawdopodobnie jesteś słaby.

LANKARANI
Przy okazji...

GOLSHAN
Spokojnie, *Lankarani.* [*Do Javanshir*] Czy zauważyłeś, że gra jest słaba?

JAVANSHIR
Przede wszystkim wiele sztuk zostało przyjętych na festiwal, nie ma powodu, aby je wszystkie studiować lub wyjaśniać powód ich ignorowania jeden po drugim. Nie mamy tu dodatkowego czasu panie Golshan. Po drugie, zgodnie z wyborem członków jury spośród najwybitniejszych ludzi teatru, nie pozostanie żaden punkt do dyskusji.

GOLSHAN
Nawiasem mówiąc, jest tutaj dyskusja, że jeśli jesteś najbardziej elitarny, to dlaczego miałbyś odrzucić tę sztukę? W czym tkwi problem?

JAVANSHIR
Najprawdopodobniej ma.

LANKARANI
MR. Golshan nieważne. Pójdziemy do tego salonu, o którym rozmawialiśmy. Powiedział, że może pożyczyć nam teatr dziesięć nocy w sierpniu na przedstawienie.

GOLSHAN
[*Do Lankarani*] Pozwól mi zobaczyć, co tu się dzieje przez chwilę? [Do *Javanshir*] dlaczego? Powiedz. Powiedz jeden powód?

JAVANSHIR
Marnujecie mój czas panowie. Mamy tu dużo pracy.

GOLSHAN
Javanshir, jesteś tu, aby nam odpowiedzieć. Nie masz prawa tak mówić.

JAVANSHIR
Nie masz prawa tak do mnie mówić.

GOLSHAN
Mam prawo wiedzieć, dlaczego ta sztuka została zignorowana.

JAVANSHIR
Drogi chłopcze, chcesz wiedzieć, dlaczego twoja sztuka została zignorowana? Zapytaj tego człowieka.

Lankarani patrzy na Golshana.

Tak. Odpowiedz mu na MR. Golshan.

GOLSHAN
Dlaczego mówisz nieistotne gadanie Javanshir?

LANKARANI
Nie rozumiem.

JAVANSHIR
Powiem ci. [*Stoi zza biurka i podchodzi do przodu*] Jego powodem jest ten facet. On nie jest profesjonalistą. To jest festiwal profesjonalistów. On jest amatorem. Jeśli chciałbyś, żeby twoja sztuka została przyjęta, lepiej przyjdź do nas, a my przedstawimy ci jedną z tych grup zawodowych, na przykład grupę teatralną "tych dni"

GOLSHAN
Co to za bzdury? Kto to jest "te dni"? Jestem amatuar? Studiowałem tę dziedzinę. Uczyłem tej dziedziny. Znasz to lepiej niż ktokolwiek inny, mały człowieczku!

JAVANSHIR
Wystarczy Hassan! Zgodnie z naszym regulaminem powinieneś mieć dwa profesjonalne utwory, które były grane co najmniej piętnaście nocy. Gdzie to jest? Masz?

GOLSHAN
I...

JAVANSHIR
Ty co? Gdzie byłeś przez te jedenaście lat? Z jakim dyplomem przyjechałeś tu i powiedziałeś, że studiowałeś w Mosco? Komu to pokazałeś? Wtedy uczył pan boga nieba, że doktor Farahmand tolerował pana tylko z powodu pańskiej żony, ciotki. Jakim stopniem uczył pan w szkole aktorskiej nowoczesnego Irana? Nawet wtedy nie miał pan kwalifikacji. Czy pamięta pan, co zrobił pan temu wielkiemu człowiekowi w tamtym czasie? Pamiętasz? Powiedz mu, co zrobiłeś ojcu tego kraju w teatrze, ty chuligański, komunistyczny, mały człowieczku! Ten facet złapał doktora Farahmanda i pauzował go w wierszu, gdyby nas tam nie było, rozerwałby go na strzępy. Tak czy inaczej, zostaw to wszystko na bok. Gdzie pan jest od jedenastu lat? Podoba ci się, że mówiłem, że byłeś w banku? MR. archiwista bankowy? Deportowali cię z niego również dlatego, że byłeś gąbką komunistów. W końcu pańscy towarzysze zabili pańską

żonę.

GOLSHAN
Zamknij się ty bezczelny!

Ataki w kierunku Javanshir. Łapie jego kołnierz. Ramka zdjęciowa spada na ziemię z ręki Javanshir'a i pęka. Lankarani idzie w ich stronę i próbuje wygnać z niego Golshana.

JAVANSHIR
Zostaw mnie w spokoju mały człowieczku, zostaw mój kołnierzyk i udusnij mnie...

Lankarani oddziela Golshana od Javanshira.

Spadaj stąd, mały człowieczku... Spadaj stąd...

Ciemność

SCENA 6

Pozostała podłoga wchodzi na środek sceny. Rasht, dom Shirvali Khan, Gheligh jest w domu Shirvali. Stoi samotnie na scenie. Idzie, patrzy na dom i jego urządzenia. Biorąc stary dozownik wody różanej,[53]bierze go do ręki.[54] Shirvali wchodzi po kilku chwilach z laską.[55]

SHIRVALI
Chętnie przyjdę,[56] Ghelich Khan.

GHELICH
Dobre, łaskawe południe, twoja szczerość. Mówiłem sobie, że Shirvali Khan nie ma zaszczytu zabawiać swojego gościa.

SHIRVALI
To nie jest ten cytat. Przyzwyczajam się, że nie śpię do świtu. Gdy słońce wzejdzie, będę spał.

GHELICH
pochodzi z Isfahanu.[57] Co najmniej dwieście lat temu. Tak bardzo pachnie różaną wodą.

SHIRVALI
Oczywiście, że zbudowałeś przed nami dwa targi otwarcia. Słyszałem, że twój biznes kwitnie w Lahijanie.[58] Myślę, że zapach wody różanej, którą dodajesz do cukierków, zawinął się w twój zapach.

GHELICH
[*Wskazując na dozownik wody różanej*] Kiedy zobaczę coś takiego, pójdę do dwóchset lat

---

[53] zraszacz
[54] Patrząc w górę i w dół
[55] berło
[56] Weź się w garść
[57] Miasto w iranie, stolica irańskiej kultury
[58] Jedno z północnych miast w iranie

temu. Zapach wije się do mojego mózgu.

SHIRVALI
Więc ty też lubisz te antyczne trąbki.

GHELICH
Robiąc to często jako rozrywka, wyrywam miskę, talerz, dozownik wody różanej.

SHIRVALI
Siadaj, bycie na nogach i w pobliżu nie jest dobre.

Ghelich siada i robi albo Shirvali.

Czego ode mnie chcesz?

GHELICH
Chcę twojego serca. Chcę, żebyś był moim przyjacielem.

SHIRVALI
Dobra łaskawa!

GHELICH
Spójrz tutaj. Ja jestem tym. [*Otwiera pięść*] ah. Nic w nim nie ma, prosto z mostu. Powinieneś też otworzyć pięść, żeby zobaczyć co jest na końcu?

Shirvali uśmiecha się. Taśma z laską do ramienia Ghelicha powoli.

SHIRVALI
[59]Jesteś takim łobuzem. Nie myśl, że poddałem się przed tobą. Lubię cię. Nikt nigdy nie pasował do Shirvali. Nie myśl, że mnie pokonałeś. To tylko zapasy na nadgarstki.

GHELICH
Zapasy na nadgarstki? To zuchwałość, nie jesteśmy nikim Shirvali Khan.

SHIRVALI
Jesteś wężem. Robiąc się słabym, ukrywając się, zaatakujesz w mgnieniu oka, będąc łobuzem.

Ghelich uśmiecha się.

Jaki spisek zrobiłeś dla Safade?

GHELICH
Jak ci się podoba. Tylko tyle, by rozkazać mi obrócić zagadkę gdziekolwiek chcesz.

SHIRVALI
Skręć uzdę wokół głowy tak bardzo, że poczuje zawroty głowy i padnie martwy.

GHELICH
Godne posłuszeństwa. [*Stoi w górze*]

---

[59] niegodziwiec

SHIRVALI
Czego ode mnie chcesz?

GHELICH
I? [Rozgląda *się po pokoju, potem podnosi dozownik wody różanej*] Na razie to wystarczy. Widzisz, co będzie dalej?

Ciemność.
Jasne. Arax café. Lipiec 1953. Wieczór. W kawiarni jest tylko jeden klient. Armine umieścił na barze ekspres do kawy widziany w drugim akcie, a ona go zaciska. Klient wstaje i przychodzi do baru.

CUSTOMER
Chyba byłam twoją ostatnią klientką, panno Avakian.

Armine uśmiecha się. Cisza.

Tak bardzo mi się tu podobało. Przyjeżdżając tu, zapomniałem o wszystkich moich rozczarowaniach. Wieczorami w zimie schlebiało mi, że spadam na to krzesło z zewnętrznego chłodu. *Chodzi mi* o to, że panna Avakian była tu dla mnie schronieniem. Kiedy wracasz?

ARMINA
Nie wiem.

Seroj wchodzi. Włożył tableau do kawiarni pod pachą[60] *i ma w ręku dzwonek do drzwi. Gdy wchodzi, dzwoni do drzwi.*

CUSTOMER
Dobrze zrobione, panie Seroj.

SEROJ
Dzięki.

CUSTOMER
Życzę sobie, abyście pozwolili, by był tam ten stół, czasem zaginiony, spojrzał na to.

SEROJ
To nie ma sensu. [*Otrzymał do baru i opiera się o dno baru i kładzie mały dzwonek obok ekspresu do kawy*]

CUSTOMER
Czy to nie powinna być kawiarnia?

SEROJ
Ten, kto kupił to miejsce, chce sprzedać lampę i żyrandol i takie tam.

CUSTOMER
Lampa? W Lalezarze? Założę się, że nie odnosi sukcesów.

---

[60] jama

SEROJ
Co mam powiedzieć?

CUSTOMER
To jest moje konto.

SEROJ
Nie trzeba, wszyscy byli moimi gośćmi tego ostatniego dnia.

CUSTOMER
Wielkie dzięki. Dobrze. Będzie mi ciebie brakowało.

SEROJ
Ja też.

CUSTOMER
Panno Avakian, tak bardzo będę tęsknił za tym miejscem.

ARMINA
My też będziemy tęsknić za tym miejscem.

CUSTOMER
Dobrej nocy.

SEROJ
Dobranoc.

ARMINA
Dobranoc.

Klient wychodzi w ciszy.

SEROJ
Chce mi tego.

ARMINA
Więc co to za człowiek od kawy?

SEROJ
Wiesz, że to na nic mu się nie przyda. Chce go włożyć do salonu, jako dekorację.

ARMINA
Ok.

SEROJ
Postawiłem tu, że przyjdzie w nocy, żeby go zabrać.

Seroj kładzie zwiędłe mewy na ekspresie do kawy. Podnosi z nim ekspres do kawy i wydobywa go. Armine w ciszy podnosi krzesła. Seroj wraca, on też zaczyna to robić. Armine zatrzymuje się nagle, odbierając ostatnie krzesło. Ona słabnie[61]. Siada na

[61] kropelki

krześle i powoli rozrywa się. Seroj zbliża się do niej.

Co się stało? Dlaczego płaczesz?

ARMINA
Nic...

SEROJ
Będziesz tęsknił za tym miejscem?

ARMINA
Nie wiem...

SEROJ
Będę tęsknił za tym miejscem. Za wszystkimi dniami i nocami, które mieliśmy. Za wszystkich naszych przyjaciół.

Armine płacze mocniej.

Nie płacz tak, na Boga.

ARMINA
Mehrie i Hassan dzwonili do mnie...

SEROJ
Tak, byli dobrymi przyjaciółmi... niestety... niestety...

ARMINA
Chciałbym, żeby Mehrie żył...

Długa cisza. Seroj opiera się o stół i zapala papierosa.

Chciałbym nigdy nie przedstawić Mehrie Nosratowi.

Seroj patrzy na Armine'a. Jest zszokowany, papieros w dłoni, gdzieś zamarza mu w ustach. Światło kawiarni rozpuszcza się. Seroj i Armine opuszczają scenę. Jedno światło na zewnątrz kawiarni, zapala się na drzwiach wejściowych. Golshan przychodzi z tyłu drzwi. Zauważył, że gra "opierając się o ponurą ścianę" ma datę przedstawienia piętnastego sierpnia. Chce wejść, ale spotyka się z zamkniętą kawiarnią. Jego stopy zderzają się z ekspresem do kawy przy drzwiach. Patrzy w wyschniętą mewę. Umieszcza ogłoszenie na ziemi. Podnosi mewę. Podnosi ją jedną ręką i bierze ją, jakby miała latać. Gapi się na mewę. Potem kładzie ją na ziemi, podnosząc notatkę u stóp, kładzie ją do nas, przed drzwiami wejściowymi i wychodzi.
Ciemność.
Jasne. Rei city. [62] *Czerwiec 2005. Parking Shafaeia. Strzeżony mały pokój. Bardzo stare biurko. Za biurkiem siedzi stary strażnik ze zmarszczoną twarzą. Ma na sobie głębokie okulary.*

[62] Miasto w pobliżu Teheranu

Amin siedzi na luźnym[63] krześle przed biurkiem. Przed strażnikiem stoi duży czarny notes z okładką, a on przewraca jego strony. Dwie szklanki herbaty na biurku.

GUARDIAN
Powiedział pan, kiedy go pochowali?

AMIN
Tu jest napisane, że jego nabożeństwo pogrzebowe odbyło się w marcu 1938 roku.

GUARDIAN
Zgadłem, że tak. To musiało być w okresie od pierwszego do czternastego lipca. Jestem tu na tym cmentarzu Shafaeie od 60 lat. Nawet teraz nazywany parkingiem jest dla mnie nadal cmentarzem. Wykopuję grób od piętnastego roku życia. Mój ojciec też był grabarzem[64]. Niech go Bóg błogosławi, zawsze mówiąc, że nasza praca ma szacunek, bo jesteśmy ostatnimi ludźmi, których zmarli widzą. Powinniśmy ich wkrótce pochować, aby porzucić ten prozaiczny świat. Niech Bóg błogosławi mojego ojca, który sam go pochowałem na tym cmentarzu. [*Wskazuje przed biurkiem, przed Amina*] Tu jest jego grób.

Amin zaskoczony i przestraszony wygląda na takiego, do jakiego nawiązuje staruszek.

Chciałem, żeby zatrzymali grób mojego ojca, kiedy przyjadą zrobić tu parking. Potem wpuścili mnie do jego strażnika. Ale nie czuję, że jestem strażnikiem tego parkingu. Jestem strażnikiem ludzi, którzy je pochowali. Nie mam serca, by pozwolić im być samotnymi. Powiedział pan, jak się nazywa jego inżynier?

AMIN
Hassan Golshan.

GUARDIANE
Znalazłem go. Ojcowie Hassana Golshana nazywają się KHAN BABA, urodzony w 1866 roku 22. Zmarł w 1938 roku, dziewiątego sierpnia. Powodem śmierci było zatrzymanie akcji serca.

AMIN
Yeah, to on. [*Wyjmuje mały aparat*] Czy mogę zrobić zdjęcie z tej strony?

GUARDIAN
Pod warunkiem, że zrobisz mi też zdjęcie.

AMIN
Oh pewnie.

Amin wstaje i robi zdjęcie z biura. Strażnik wstaje i wyjmuje czaszkę z dołu biurka. Amin boi się kroków do tyłu.

GUARDIAN
Niech pan nie panikuje, panie inżynierze. Kiedy niszczyli cmentarz, uratowała się tylko ta czaszka. Przyprowadziłem ją do siebie, żeby nie być samemu. [Spojrzenie *na czaszkę i*

[63] Shaky,addle
[64] Body-snatcher

snickers] to również było ludzkie jak my. On mówił. Może być prawnikiem. [*Trzymając czaszkę w jednej ręce, wysuwając ją do przodu i uśmiechając się*] Weź to panie inżynierze.

Amin idzie do przodu. Dostosowuje swoją ramkę i robi zdjęcie.

Dzięki. Napij się herbaty, panie inżynierze, przeziębiłem się.

Amin siedzi nieświadomie na krześle, podnosi mrożoną szklankę i pije ją.

Pochowałem mojego ojca, pochowałem ojców tak wielu ludzi, matki i braci i siostry tak wielu ludzi, ale... ale kto mnie pochowa, jeśli umrę? Gdzie będę pochowany?

Ciemność

SCENA 7

Drewniane schody spadają w dół od końca sceny. Negar wchodzi. Ma w ręku kawałek samolotu, w którego korpusie znajduje się eliptyczna szyba. Idzie w górę ze schodów. Dźwięk lecącego samolotu. Zatrzymuje się gdzieś na ścieżce, na hakach[65]*. Wkłada ciało samolotu przed nią w taki sposób, że widzimy jej twarz za eliptyczną szybą. Dźwięk samolotu zmniejsza się.*

NEGAR

Myślę, że każdy z nas ma w swoim sercu zegar z piaskiem, który powinien tak bardzo dbać o to, aby go nie złamać, jeśli tak jego ziarno zostanie wyrzucone na zewnątrz, rozproszone w powietrzu, pójdą i pójdą, aż zgubią się w prochach. Staniesz się jednym z tych ziaren. Wędrując w kurzu, idąc w górę i w górę do księżyca. Jesteś jednym z tych ziaren idących na księżycową planetę. Chcesz być wolny jak ptak w świetle księżyca, obracać się i obracać i obracać, aż do wypełnienia zawrotów głowy, aż staniesz się jednym z tych ziaren. W twoim nasiennym sercu zaczyna wyrastać tak zwany zegar. Dbając o to, by nie pękł ponownie. Rozszerza się i rozszerza, aby nie zmieściło się w twoim sercu. W nocy kiedy śpisz, twój piaskowy zegar znów pęka w twoim sercu i zostanie zamieniony na tysiąc sztuk. Znowu staniesz się jednym z tych ziaren wiszących w próżni. Wiszące i wiszące, aż trafi na ciemną stronę księżyca. Jest ciemno i zimno, absolutna ciemność, bez względu na to, czy masz otwarte czy zamknięte oczy. Jest zimno jak na biegunie południowym. Krew zamarznie w waszych naczyniach nasiennych. Zgubisz się w ciemności, chcesz wylać łzy, ale twoje łzy nieześlizgują się na policzki zamarznieją. Pod twoimi stopami znajduje się zamarznięty ocean z nasionami. Kiedy zdecydujesz się poprosić o pomoc, zobaczysz, że twój głos jest zimny. Powoli zrozumiesz, że schodzisz na dół. Dowiesz się, że toniesz wśród zamrożonych nasion. Zanurzasz się tak, że staniesz się taki sam jak inne nasiona: zamrożony. Bądź nasionem w wielkim zegarze z nasionami, których zamrożenie i długi czas tego nie podsumował... bo czas się w nim zamarzł.

Cisza.
Ciemność.

[65] W stanie zawieszenia

Jasne. Zróbcie miejsce. Godzinę temu Golshan, zanim zagrał "opierając się o mroczną ścianę", nadrobił zaległości w roli Ghelicha. Lankarani wchodzi po chwili.

LANKARANI
Cześć!

GOLSHAN
Spóźniłeś się?

Lankarani zaczyna nosić ubranie do gry w Ardeshir, gdy wchodzi. Powinni być w jakiś sposób gotowi do gry na końcu sceny.

LANKARANI
Moja praca trwała trochę w biurze prasowym. Powiedzieli sobie, że w tej chwili tam nie przyjdziesz. Powiedziałem im, że nie zrobisz wywiadu, dopóki sztuka się nie skończy.

GOLSHAN
Czy powiedziałeś im, że nie ma żadnego szczególnego problemu z chęcią skupienia się tylko na występie?

LANKARANI
Tak. Tak bardzo doceniają twoje aktorstwo. Powiedzieli, że aktorstwo jest prawdziwe i wiarygodne. Nie ma w nim żadnego grymasu, prawdziwego jak życie.

Wyciąga gazetę z płaszcza i daje ją Golshanowi.

Widziałeś to?

GOLSHAN
[*Daje gazetę*] o... opublikował tak szybko?

LANKARANI
Nie, to była dzisiejsza gazeta gwiezdna, to cotygodniowy list o świecie. Jest w nim napisany krytyk sztuki. [*Wskazuje na miejsce w gazecie*] mówiący wysoko o twoim aktorstwie tutaj.

GOLSHAN
A co z jego dramaturgiem?

LANKARANI
Na początku mówił wysoko od swoich dramaturgów, pełen przesady. Pisze, że ten pisarz jest tak obiecującym człowiekiem, a jego pióro jest zdolne...

GOLSHAN
Powinni to zrobić tak...

Pauza. Oboje wykonują swoją pracę.

LANKARANI
Mogę coś powiedzieć, panie Golshan?

GOLSHAN
Tak, pewnie.

LANKARANI
Następną pracę zaczynam od tej, o której dziś rano rozmawialiśmy.

GOLSHAN
Dlatego po tej sztuce jest miesiąc przerwy, a potem próba nowego...

LANKARANI
Nie sądzę, żebym mógł to zrobić tak szybko.

GOLSHAN
możemy zagrać każdą scenę będąc gotowymi i stopniowo czyniąc ją praktyczną na scenie.

LANKARANI
Naprawdę? Czy to też jest możliwe?

GOLSHAN
Dlaczego nie. Myślę, że rozmowa z tą szefową salonu, aby odegrać potężną i podstępną robotę co trzy z czterech miesięcy, jeśli to możliwe.

LANKARANI
Jeśli będziemy tak dalej postępować, możemy osiągnąć wysoką pozycję w teatrze... czyż nie?

Golshan jest gotowy. Stoi przed Lankarani. Filtrując jego kołnierz koszuli.

Czy to możliwe? W tym roku pracujemy, za rok znów będziemy pracować, dołączą do nas nowi ludzie, graj po sztuce, graj po sztuce, pewnego dnia zagrasz wszystkie dzieła Checkova, potem pewnego dnia zmęczysz się mną i moimi dziełami, potem znów będziemy szukać nowych dramaturgów, każdego, kto napisze dobrą sztukę dla teatru na świecie... czy to możliwe?

Golshan kładzie dwie ręce na jego twarzy.

GOLSHAN
Zostaniesz wielkim dramaturgiem Ahmadem, bo masz świetną wyobraźnię. Daj spokój, sztuka się spóźnia.

Ciemność.
Jasne. Połowa piętra wchodzi na środek sceny. Rasht, dom Shirvali Khana. Shirvali Khan i Ardeshir stoją na środku sceny. Shirvali ma niespokojną pozycję. Rozczarowany włosy, Ardeshir stać z powrotem Shirvali.

SHIRVALI
Ardeshir, proszę, posłuchaj mojego syna! Nie mam już nikogo oprócz ciebie. Zostałem i ten podupadły i stary dom. Nie zostawiaj mnie samego. Nie idź na Boga.

ARDESHIR
Tak się cieszę, że widzę cię w ten sposób Shirvali Khan Salarvand. Starzeje się, ulegając[66]...

---

[66] Być obezwładnionym

SHIRVALI
Jesteś moim jedynym lewym synem... jesteś ostatnim filarem tego domu, jeśli pójdziesz, ten dach zawali mi się na głowę. Ghelich wsadził mnie do piekła.

ARDESHIR
Jakbyś włożył Safade do piekła. Ty też mi to zrobiłeś. Zabrałeś moją Gilnaz i wciągnąłeś ją na fale morskie. Nie mam już nic, jak ciebie wsadzonego do piekła. Wiesz, że ten nędzny Safade siedzi codziennie nad brzegiem morza jak szaleniec błagając i prosząc swoje córki o zwłoki przez serce fal...

Nagle nadchodzi światło sceny. Mężczyźni w czarnych garniturach, białych koszulach i czarnych trylowych kapeluszach atakują na scenę z każdego miejsca. Mają w rękach łańcuch, pas, nóż i drewno. Wchodzą na scenę i zaczynają przeklinać. Niszczą scenę i zabierają aktorów poza sceną. Wielka cisza.
Światło sceny zanika. Na front sceny przychodzi duże biurko. Amin siedzi za nim. Profesor Barkuk siedzi. Do nich i z powrotem do nas, profesor Baharian, pani doktor Hekmati i pan doktor Poormand siedzą jeden po drugim. Na biurku jest danie z owocami i cukierkami. Amin coś zauważa, podczas gdy nauczyciele mówią. Barkuk potrząsa głową, jak często potwierdza, że profesorowie mówią.

HEKMATI
Panie Parsa, zaczynam od początku. Zadedykował pan swój list człowiekowi pod nazwiskiem Shapoor na pustej stronie przed wprowadzeniem! Mam do pana pytanie, czy uważa pan, że to jest list mgr? Nie znam pana Shapoor, czy to pański krewny, czy przyjaciel? Ale powinien pan zachować swój uniwersytecki prestiż. Ok, chcę wejść do głównego wydania listu. Nie mam problemu z tytułem listu. Życie i dzieła Hassana Golshana. Ten tytuł jest tak ogólnikowy, a poza tym większym problemem w tym temacie jest sam człowiek, nad którym pan pracował.

Dr Poormand węzełkuje głowę zgodnie.

Pan Pars ma zamiar przeprosić za powtórzenie moich słów, ale jest mało prawdopodobne, że spośród wszystkich istniejących tematów, wybrał pan ten. Wybrał pan ten tytuł. Oczywiście pan Baharian powinien odpowiedzieć na to pytanie, jak ten temat został ratyfikowany w Radzie?

BAHARIAN
Powinien pan zapytać doktora Farokha, czy nalegał na ratyfikację tego tematu. Oczywiście nie ma żadnych ograniczeń dla pana Barkuka. On nosił na ramieniu tego człowieka. Przepraszam, że przerywam, ale to powiadomienie było konieczne.

HEKMATI
Nie ma za co. Proszę posłuchać, panie Parsa, oświadczam coś odważnego[67]. Był pan dobrym uczniem, ale nie zachowywał się pan prawidłowo w swoim liście. Spójrz, tysiące ludzi pracowało w tym kraju w teatrze, nie można gromadzić zdjęć i wspomnień, łączyć ich i

[67] lekkomyślnie

traktować jako pracę dyplomową. Panie Parsa, powinien pan mieć tezę, powinien pan zaproponować pytanie, powinien pan być w stanie na nie odpowiedzieć. Jest mało prawdopodobne, że chce pan uzyskać stopień naukowy z botchingiem. [68] Panie Baharian, ja nie mam nic innego.

BAHARIAN
Panie doktorze Poormand, pańska kolej.

POORMAND
Co mam powiedzieć? Zgadzam się z *doktorem* MRS, wskazując tylko na kilka innych punktów, które nie mają czasu.

Dr Hekmati obiera pomarańczę.

Panie Parsa, po zapoznaniu się z pana informacjami, pytanie przyszło mi do głowy. Dlaczego Hassan Golshan? Co zrobił, czego inni nie zrobili?

Pani Hekmati obrała pomarańczę i oferuje ją Baharianom i Barkukowi.

Przy okazji, jeśli chcemy przeprowadzić badania na temat ówczesnego teatru, możemy wymienić kilka cennych nazwisk. Na przykład dr Manuchehr Farahmand, który nosi tytuł ojca irańskiego teatru z wielu punktów widzenia. Albo Fatolla Saadat, Habib Javanshir będący jednym z najlepszych w swoim czasie, albo badania nad grupami teatralnymi, na przykład grupą teatralną "tych dni" i wieloma innymi potężnymi podmiotami, które teraz mają już dość. Proszę wziąć to pod uwagę przy prowadzeniu badań nad teatrem tamtych czasów, należy być bardzo cierpliwym. Jeszcze jedna sprawa, a wyjdę z tego na wierzch. [Spojrzenie *na Baharian*] Kiedy spojrzymy na twoje referencje są bardzo nieliczne. Panie Baharian, potwierdza pan, że nie zatwierdziliśmy tu listu bez co najmniej dwudziestu referencji. List magistra powinien mieć co najmniej cztery lub pięć łacińskich referencji obok piętnastu perskich referencji. Koniec gadania. Dziękuję.

AMIN
Przepraszam, profesorze, mogę mówić?

BAHARIAN
Nie, panie Parsa. Mówił pan od tego początku. Proszę być na zewnątrz przez kilka chwil.

Amin oddala się od biurka o kilka kroków. Co cztery osoby zbliżają się do siebie i szepczą. Po kilku chwilach wracają w to samo miejsce.

Pan Parsa wchodzi.

Amin wraca na swoje miejsce.

Ogłaszam, że przysięgli głosują na ciebie ustnie. Niestety, Pański list nie jest obciążony żadną oceną z powodu poważnych braków w temacie i braku referencji. Panie Parsa, mówiłem panu o tym w zeszłym roku, ale nalegał pan na zaproponowanie pracy, która usatysfakcjonuje ławę przysięgłych podczas obrony. W każdym razie, na szczęście dzięki pańskiemu dobremu wykształceniu na tym uniwersytecie i sumienności studenta z miłosierdziem honorowego

---

[68] Łączenie, pukanie razem

nauczyciela [*Points to Hekmati and Poormand*] może pan ponownie wybrać przedmiot pod bezpośrednim kierunkiem profesora Barkuka na następny semestr. Dziękuję.

Baharianie, Hekmati i Poormand wychodzą ze sceny. Barkuk wstaje. Amin patrzy na niego. W tym momencie Amin jest bardziej zdeterminowana niż poprzednio.

AMIN
Gdzie idziesz profesorze?

BARKUK
Idę do domu.

Amin nic nie mówi. Patrzy na wychodzącego Barkuka. Barkuk wychodzi. Amin stoi sama na scenie. Gapi się na nas. Światło stopniowo zanika na niego, aż przyjdzie do ciemności. W ciemności słyszymy dostarczenie wiadomości przez telefon: "Cześć. Dzwoniłeś do Amina Parsa. Proszę zostawić swój masaż." Bip, a potem kobieta mówi: "Cześć. To jest Chegini z biura wydawniczego. Gratuluję, panie Parsa, zgodziła się na wydanie książki stawiającej kroki na cienkim lodzie, życie teatralne Hassana Golshana. Proszę przyjść do biura w sobotę o czwartej po południu za zawarcie umowy. Znowu gratuluję. Dobrego dnia."

Dźwięk muzyki wypełnia całą scenę. Nieważne, czy jest to muzyka pop, klasyczna czy obca. Światło zapala się powoli. Scena jest całkowicie wolna. Ludzie pojawiają się z podziemia, z końca sceny, wokół sceny z każdego miejsca. Wchodzą na scenę. Każdy z nich ma w rękach urządzenie, z którego robi kawiarnię. Może to być każdy, każdy w każdym statusie społecznym, od zwykłych ludzi do aktorów i znanych postaci sztuki. Z każdej klasy, która ci się wydaje. Człowiekiem, którego do tej pory w ogóle nie widziałeś. Wchodzą i sprawiają, że scena wygląda jak kawiarnia. Z przodu znajduje się długi bar, a po lewej stronie mała księgarnia. Duży cyfrowy kalendarz na barze. Co jest tego dnia? Spójrz na swój kalendarz, dzisiaj jest ten dzień. Wszyscy siedzą, gapią się, piją herbatę i kawę, kupują książkę i może czekają na przyjaciela. I to jest koniec zabawy, koniec podróży.

Koniec czwartego aktu

FSC
www.fsc.org
MIX
Papier | Fördert
gute Waldnutzung
FSC® C083411

Kolibri 360 GmbH
Ferdinand-Jühlke-Straße 7
99095 Erfurt, Deutschland
produktsicherheit@kolibri360.de

Druck:
CPI Druckdienstleistungen GmbH
im Auftrag der
Kolibri 360 GmbH
Ferdinand-Jühlke-Str. 7
99095 Erfurt